Gian-Marco Schmid
Abschiede
von Mutter

22.10.2023 – 11.11.2023

Der Verlag und der Autor danken

 **Stadt Chur**

 Kulturförderung Graubünden. Amt für Kultur
Promoziun da la cultura dal Grischun. Uffizi da cultura
Promozione della cultura dei Grigioni. Ufficio della cultura

für die Unterstützung dieser Publikation.

Gian-Marco Schmid
Abschiede von Mutter

lectorbooks GmbH, Zürich
www.lectorbooks.com

Umschlagbild: Nadia Hunziker
Buchgestaltung: Fabian Frey, Samara Keller, Christian Knöpfel
Satz: Peter Löffelholz
Lektorat: Sabine Wolf, Martina Caluori
Gesamtherstellung: Druckhaus Sportflieger

1. Auflage 2025
© 2025, lectorbooks GmbH
Alle Rechte vorbehalten
Eine Nutzung dieses Werks zum Training von
KI-Technologien ist untersagt.

ISBN 978-3-906913-52-0
Printed in Germany

Verantwortliche Person (Verlagsauslieferung in der EU):
GVA Gemeinsame Verlagsauslieferung
Göttingen GmbH & Co. KG
Postfach 2021 37010 Göttingen
E-Mail: info@gva-verlage.de
Telefon: (+49) 551-384 200 0

Kontaktdaten des Verlags:
lectorbooks GmbH
Dialogweg 7
8050 Zürich
E-Mail: info@lectorbooks.com

Inhalt

Prolog 7

Tag des Anrufs 13
Mutter 27
Das Vermächtnis 41
Die schönen Momente 53
Heute war Beerdigung 73
Am Grab mit Schwester 85

Prolog

Mein Name ist Gian-Marco Schmid. Ich bin der Sohn meiner Mutter. Dieser Text erzählt unsere Geschichte, die leider traurig ist. Meine Mutter war Alkoholikerin und ging daran zugrunde.

Während ihrer Lebenszeit konnte ich nicht den Mut aufbringen, einen konkreten und ausführlichen Text über sie zu verfassen. Das lag auch an meiner Furcht vor ihrer Reaktion, die bereits auf andere Texte aggressiv ausgefallen war. Als mich die Nachricht von ihrem Tod erreichte, versank ich für einige Stunden. Dann entschied ich mich dazu, diesen Bericht genau an diesem Ort zu beginnen und bis zum Ende zu schreiben, auch wenn es schmerzhaft werden würde. So schmerzhaft wie sie war, die Liebe meiner Mutter.

Meine Mutter war stets die erste Kritikerin meines Schaffens, aber auch für lange Zeit meine erste Zuhörerin und Leserin. Sie hat die meisten meiner Skills geprägt und ist mitverantwortlich für meinen menschlichen Umgang.

In bescheidenen Verhältnissen geboren, verspürte sie nach einer unscheinbaren Jugend den Drang des Fernwehs. Sie brach aus, reiste, feierte viel und suchte die Spannung im Leben, war dort, wo die Post abging. Tagsüber war sie fleissig in ihrem Beruf, aber in ihrer Freizeit wollte sie das wilde Leben. Sie trank sehr viel. Sie fand Liebe, Partner, Familie, Schwiegerfamilie, zuerst Kind 1 und dann Kind 2. Danach geriet alles aus dem Gleichgewicht, 1980 bis 2013. Auch die darauffolgenden zehn Jahre, in denen wir keinen Kontakt hatten.

Eine Mutter, die ihren Weg ging, auch wenn er in die Einsamkeit und zu Krankheiten führte. Hauptsache ihr Weg. Wir lernten als Familie von ihr und durch sie. Es gibt in ihrer Geschichte zweifellos viele spannende Aspekte, positive wie negative. Allerdings muss ich vorwarnen: In der negativen Sektion begeben wir uns ins Gelände des sexuellen Missbrauchs, der Verwahrlosung, des Verstossens, der Gefährdung von Kindern. Auf der sonnigen Seite steht primär die Tatsache, dass ich viele gute Erinnerungen aufarbeiten konnte durch diesen Text. Auch gibt es weitere Überlebende dieser Zeit, wie meine Schwester, für die ich sehr dankbar bin. Zum anderen kann ich selbst dafür sorgen, dass meine Mutter einen fairen Abschied durch mich bekommt, in welchem ich Wert darauf lege, auch ihre Erfolge, Leistungen und Beiträge an mein Wesen zu verdanken. Das ist nur richtig. Sie ist immer ein Teil von mir und wird immer einer sein. Ich habe mich in ihr oft erkannt im Leben.

Sie ist da. Nach wie vor. Wir sind etwas Gemeinsames. Ob ich das nun will oder nicht, es ist nun so weit, der Geist wird endgültig übertragen. In diesem Sinne ist jedes Horrorszenario von damals auch eine Chance für Reflexionen und Beispiele heute. Wir sind nicht das romantische Vorbild, wir sind, bis zu meiner Generation hin, leider sehr schiefgegangen, alle zusammen, die ganze ehemalige Familie. Alle Hüllen mit kaputtem Innenleben, mit kurzem Altersunterschied. Wir hatten Pech auf vielen Ebenen und ich hatte Glück auf vielen Ebenen. Jetzt bin ich hier und erlaube mir diese mikroskopische Betrachtung unseres endgültigen Abschieds, mit mir als Narrator.

Unser Beispiel kann ein Spiegel sein, im richtigen Moment. Das ist, was wir können: ein schlechtes Vorbild sein, für alle. Ich nehme meine erzählerische Schuld gerne auf mich, denn es werden auch Details folgen, die man mir durchaus ankreiden kann. Ich will dort ansetzen, wo Menschen Optionen erkennen müssen im Leben, wo Hoffnung langsam auf den übermächtigen Gegner Verzweiflung trifft, egal welche zeitgemässen Tricks man anwendet. Dort, wo Narzissmus auf Perspektivlosigkeit trifft, am Rande der verführerischen Kapitalismusplantage. In der Wohnung der Arbeiterin mit den beiden Kindern. Und mit den Männern. Und den Leuten. Und den Kindermädchen. Und den Verwandten. Und den Polizisten. Und den Dealern. Und den Fahndern. Und den Junkies. Und den Kolleginnen. Und den Soldaten. Und den Pazifisten und den Hippies. Liverpool oder Rio. Statt Urlaub ein Ferienjob. Der schnellste Weg zum grossen Glück. Das grosse Ding. Der Coup. Die Abkürzung. Die Idee. Das Besondere. Die Vision.

Mutter, etwas war da, unbestreitbar. Auch als Mutter, nicht nur als fleissige Biene des Alltags zwischen Job und Freizeit. Nein, du wärst eine resiliente Mutter gewesen, hätten die Bedingungen länger stabil ausgesehen. Aber dein Fenster zum Glück war nur kurz offen und du hast es nicht gemerkt. Du hattest die Familie, mich, uns. Aber du wolltest dein wildes Leben zurück, das von vor uns. Das vor unserem Vater. Das ohne Familie. Bewusst oder unbewusst, du unternahmst Dinge für eine eigene kleine Welt, in der wir keinen Platz fanden. Dennoch sind wir jetzt noch da und du bist fort.

Auf jeden Fall traue ich mich nun endlich zu diesem Text und bin mir sicher, du hättest viel davon mit mir besprechen wollen – oder gleich mit dem Anwalt gedroht. Aber ich muss es noch einmal betonen: Du bekommst hier auch deine Blumen.

Danke für diese Lebensgeschichte, danke für deinen Beitrag, danke für die Liebe, die Lektionen, die Weisheiten, die Hilfe, die Kontakte, die Familie. Danke für deinen alternativen Beitrag an mein Leben. Danke, dass du für uns alle oft eine Bereicherung warst und danke für den Humor und die Zeiten mit aufrichtiger Freude, mit dem Herz bei der Sache. Sie sollen nicht vergessen sein. Und der ganze massive Rest, sogar das Unaussprechliche, lassen wir nun zu zur Beichte.

Ich möchte dieses Vorwort mit einer Hoffnung abschliessen: Wenn es möglich ist, mit dieser Erzählung etwas auszulösen, einen Zugang zum Thema Sucht zu finden und vielleicht sogar persönliche Schlüsse aus dem Fazit mitnehmbar sind, dann hat es sich gelohnt, diese aufwühlende Zeit auf diese Art zu beschreiben.

Tanka Mama, au wenn am Schluss schu länger nüma gwüsst häsch wer i bin. Au wemmer üs schu süt Johra nüt meh z'säga kha händ vu Belang. Au wenn z'Verhalta vu üs beidna üs nüma hät könna zämaloh. Au wenn üsera Abschied ohni Vorwarnig und unwiderruaflich gsi isch. Du bisch mini Muater und häsch miar d'Geburt gschenkt und vüles in miar hinterloh. Für das bini dankbar und au für dia Moment woni Liabi gspürt han. Oder Hilf do gsi isch, a Usweg, a Hoffnig, a Vision. Wema dia dumm Metaphara mit da Jasskarta will zu Rote züücha kamas so säga: miar händ alli verdammt miesi Karta ustailt kriagt. Das wüssemer. Drum alles guat. Tanka für alles. I liaba dini Erinnerig, Erinnerig an guati Ziita und Lacha. An ufrichtigi Freud und Gnüagsamkeit, Zfrüdaheit. Ruah und Glück. Tanka für das. I hoffa as wird diar grecht. Din Knopf, Gian-Marco.

Tag des Anrufs

Es war früh am nebligen Morgen. Montags. Die Nachricht meiner Schwester:

»Ruf mich an, sobald du etwas Zeit hast. ☺«

Ich tat, wie mir befohlen. Das Handy lag vor mir auf dem riesigen Esstisch im Wohnzimmer, Lautsprecher eingestellt. Hier arbeitete ich meistens morgens, später verzog ich mich ins Büro. Die ersten Stunden des Tages aber sass ich jeweils mit Tee oder Kaffee an ebendiesem massiven Tisch im Wohnzimmer, mit dem Blick Richtung Dreibündenstein. Um diese Uhrzeit zeigte sich die Sonne kurz vor neun Uhr im Dorf, schaffte es gerade so über den Kamm neben dem Montalin und zog flach Richtung Surselva. Ich rief an. Es klingelte nur einmal.

Am Wochenende zuvor hatte ich ein Konzert auf einem Festival in Chur gegeben. 15.000 Leute im Publikum. Meine Schwester war auch da gewesen. Wir hatten in den vergangenen Wochen oft Kontakt gehabt. Unsere Mutter war terminal an Rachenkrebs erkrankt. Diese Nachricht hatten wir als Anlass für einen ausgiebigen Austausch genutzt und wir begannen, uns langsam, aber sicher auf einen endgültigen Abschied vorzubereiten. Wir sprachen über das Konzert, sie hatte sich sehr gefreut und ich war froh, war es vorüber, denn es war alles etwas viel auf einmal. Es passte auch kaum zusammen im Kopf.

»Also, die andere Sache. Wie sage ich das jetzt? Sie ist am Sonntag in der Nacht verstorben. Der Kantonsarzt hat ihren Tod bestätigt, am Morgen danach. Ist einfach eingeschlafen.«

Beide erwarteten wohl eine Reaktion am anderen Ende der Leitung. Aber es kam nichts. Ich starrte noch immer den Dreibündenstein an, die Sonne kämpfte noch immer vergeblich gegen den Nebel und mein Tee schmeckte noch genau gleich. Diesen Moment hatte ich mir tausendfach vorgestellt. Überrascht war ich also nicht, ausser darüber, dass sie friedlich eingeschlafen war. An der Wand fiel mir der leere Jahresplanungskalender auf, den ich gerade erst aufgehängt hatte. All diese leeren Tage, ohne wirkliche Aufgabe und wieder ein solches Telefonat.

Ich habe mich ziemlich genau zehn Jahre lang auf diesen Moment vorbereitet. Mit damals dreiunddreissig Jahren änderte ich durch einen wütenden Anruf bei meiner Mutter unser Verhältnis. Wo wir zuvor noch auf Abstand gewesen waren, aber dennoch verbunden, klaffte fortan ein schwarzes Loch. Dreiunddreissig Jahre lang hatte ich mir die Wahrheit von meiner Mutter erzählen lassen. Natürlich hatte ich mich oft gefragt, was denn nun stimmte. Als ich mit sechzehn ein Jahr im Kloster verbrachte, änderte sich nicht nur mein Verhältnis zum Thema Wahrheit, sondern auch mein Bezug zur Familie. In diesem Alter hatte ich begonnen, die richtigen Fragen zu stellen. Die Fassade bröckelte still, aber stetig. Ich arbeitete nach der Lehre in der Psychiatrie und für die Sozialen Dienste der Stadt. Was Alkohol und Suchtverhalten betraf, war ich mit dreiundzwanzig Jahren plötzlich vom Fach.

Zehn Jahre später: Es war ein normaler Abend gewesen. Mein Vater und ich hatten wie so oft in unserer Stammkneipe gebechert und uns über Belanglosigkeiten in Sport und Gesellschaft unterhalten. Das Gespräch wurde aber tiefer, was selten vorkam. Plötzlich sassen wir in einem Austausch über die Ehe meiner Eltern. Ich wurde mutig und wollte endlich – mit dreiunddreissig Jahren – die Wahrheit über die Scheidung meiner Eltern wissen, aus seinem Blickwinkel. Er sprach. Ich hörte zu.

Es ist ein schräges Gefühl, als Erwachsener plötzlich mit neuen Wahrheiten über die eigene Kindheit konfrontiert zu werden. Es gab nichts zu bezweifeln: Mein Vater erzählte mir an diesem Abend zum ersten Mal von der Scheidung. Meine Mutter hatte über zwanzig Jahre lang alle paar Monate ihre Eindrücke zu diesem Thema erörtert, ergänzt, modelliert. Natürlich waren dabei in all den Jahren einige Details bei mir hängengeblieben, die meine Meinung gegenüber meinem Vater beeinflusst hatten. Er tat wenig bis gar nichts dagegen und jetzt verstand ich auch, warum. Auch er war traumatisiert.

Ohne die Details aufzuarbeiten, möchte ich einen Punkt setzen: Die Scheidung meiner Eltern hatte herzlich wenig mit dem Verhalten meines Vaters zu tun. Er mag zwar anstrengend gewesen sein. Doch meine Mutter war damals schon eine tickende Zeitbombe und liess keine Gelegenheit aus, sich bei öffentlichen Anlässen bis zum Kontrollverlust abzuschiessen. Und das war's auch schon. Das war der Anteil der Wahrheit, der uns vorenthalten worden war. Stattdessen war unser Vater, je nach Mutters Saison, entweder ein Rabenvater, armer Schlucker, Geizkragen, Lüstling oder Alkoholiker gewesen.

Weder meine Schwester noch ich hatten je daran gedacht, dass meine Mutter bereits vor der Ehe Alkoholikerin gewesen sein könnte. Darüber hatten wir in all den Jahren nie nachgedacht. Für uns war es schlecht, seit vielen Jahren. Aber wie es davor gewesen war, bevor wir uns des permanenten Rauschs bewusst wurden, bevor wir den Wein zum Znüni durchschauten, die Kneipennächte zählten und heimlich das Altglas entsorgten, das ahnten wir nicht.

Alkohol ist ein furchtbarer Berater. Der schlimmste Sauhund. Er mag bei uns gesellschaftlich akzeptiert sein, er mag von mir aus zur Kultur gehören. Fakt ist: Alkohol zerstört Menschen und Familien. So wie ich es zuerst bei uns nur langsam begriff, so schnell ging mir ein Licht auf, als ich als Hilfspfleger in der psychiatrischen Notfallabteilung begann. Da waren sie, die Alkoholiker und Alkoholikerinnen. Mit den verheerenderen Lügen als Junkies, labiler als bipolare Störungen, finsterer als paranoide Schizophrenie. Ich sah sie kommen, lügen, gehen und wieder zurückkommen. Parfüm trinken. Zittern wie ein Presslufthammer. Fahl wie Zombies. Die weinenden Angehörigen. Wie die Bezugspersonen der Familie Hoffnung gaben, die Therapiemöglichkeiten aufzeigten, aber im Schutz des Stationsbüros nur noch den Kopf schüttelten. Da ich den Umgang mit psychisch erkrankten Personen schon von zu Hause her kannte und mich dieses Thema wie kein Zweites interessierte, verliebte ich mich in den Job als Hilfspfleger.

Damals wusste ich es noch nicht, aber gleichzeitig zu meiner Berufsliebe begann meine Mutter ihre Affinität zum Hospital zu entwickeln. Statt ihrer Saufkumpanen in der Kneipe waren es nun die Pflegenden in den Kliniken, die dem Selbstmitleid horchen mussten, bezahlt vom Staat. Sie kannte das Spiel. Ich mittlerweile auch. Sie war nun dort Patientin, wo ich zuvor entweder Hilfspfleger oder selbst Patient gewesen war.

Es gab eine Phase in ihrer Alkoholsucht, in der sich Besserung abzeichnete. Die ersten Klinikaufenthalte sahen wir als Chance. Sie kamen spät, erst nach dem fünfzigsten Lebensjahr gab es Einsicht. Wir wussten nicht, dass die Krankheit bei ihr schon zu tief in der Seele wohnte. Es gab keine Alternative zum Trinken. Es gab Trinken oder Nicht-Trinken und Nicht-Trinken, das waren wir: die Kinder, die Familie, der Job, die Verpflichtungen, die Sorgen. Also gab es keinen Grund, nicht zu trinken, wenn man einen Entzug hinter sich gebracht hatte. Man war wieder erholt, die Organe waren abermals bereit für eine Schlacht. So drehte sich der Zirkus im Kreis. Waren es zuerst noch enttäuschte Gespräche, Streit und Diskussionen gewesen, so blieb uns eines Tages nichts anderes übrig, als das Zepter dem Schicksalsgott zu überlassen. Ich entwickelte eine

Devise: Meine Regeln waren klar, Übertretungen würden geahndet. Ich würde ihr nicht mehr alles durchgehen lassen. Ich verbot ihr Dinge in meiner Gegenwart oder bei meinen Veranstaltungen. Ich musste. Wir trugen sie betrunken nach Hause. Aber immerhin: an dem Abend nicht geraucht. Nichts funktionierte, das Problem wurde endlos oder zumindest tödlich.

Der erste Therapieansatz bei allen Süchten ist, dass man selbst von der Sucht wegkommen möchte, sonst funktioniert es nicht. Sie wollte nicht. Alkohol und die Kneipe waren unserer Mutter wichtiger als wir. Das war meine Quintessenz nach den ersten zwanzig Jahren in dieser Thematik, mit dreiunddreissig. Sie sprach es sogar einmal in meiner Gegenwart aus, sternhagelvoll an ihrem Küchentisch sitzend, rauchend mit einer Körperhaltung wie eine verbeulte Leberwurst. Sie bestätigte: »Ja, diese Leute und die Kneipe sind mir wichtiger.«

Am Tag unseres letzten Gesprächs erhielt ich nur eine neue Information: Sie hatte immer gesoffen. Immer. Sie hatte das Problem verheimlicht, heruntergespielt, weggespart oder gleich nachhaltig weggesoffen bis zur Amnesie. Niemand hielt es für wichtig, uns wenigstens zu erklären, dass das Trinkverhalten nicht unseretwegen angezogen hatte, sondern dass es nie weniger gewesen war, als es immer war. Es gab keine Pause. Weder vorher noch nachher. Nicht während Schwangerschaften und auch nicht bei Krankheit. Das bedeutete auch, dass sowohl unser Vater als auch die Familie gescheitert waren, trotz aller Bitten, sie möge sich doch zügeln. Es bremste sie weder der Hundewelpe, die Schwangerschaft, die Geburt noch das Kind. Sie soff durch.

Alkohol war an allem schuld, vor unserer Geburt und auch danach. Nur hatten wir es uns so erklärt, dass der Stress mit uns wohl die Mutter zur Flasche getrieben hatte. Sie hätte es in der Hand gehabt, unsere Annahme zu korrigieren. Eigentlich wusste sie ja immer, dass sie selbst das Problem war und nicht alle anderen, wie es uns wieder und wieder eingetrichtert wurde. Aber wie sie es schaffte, ihre Familie und uns so gegeneinander auszuspielen, dass sie bis zum fünfzigsten Lebensjahr ungehindert täglich saufen konnte, werde ich wohl nie herausfinden.

Nachdem ich also erfahren hatte, dass mir dieses kleine Problem verschwiegen worden war und wir im Laufe der Zeit eine stark bearbeitete Realität angenommen hatten, war für mich Schluss. Es reichte. An Ort und Stelle rief ich meine Mutter an, noch in der Kneipe. Sie war angetrunken und das Gespräch war für sie nur eines von vielen, denn sie erwähnte den Anruf in der Folge nie, auch nicht gegenüber meiner Schwester. Sie vergass ihn wohl augenblicklich und man muss kein Raketenforscher sein, um zu ahnen, wie sie dieses Wunder vollbrachte. Direkt weggesoffen.

Am Telefon sagte ich ihr, dass jahrelange Lügen unser Leben manipuliert hatten, ich ihretwegen meinen Vater verstossen hatte, aus Scham Tanten und Onkel nicht mehr sehen wollte, meinen Cousins und Cousinen grossräumig aus dem Weg ging, weil ich mich für mitschuldig hielt. Dass es keiner je für nötig gehalten hatte, das Problem Alkohol beim Namen zu nennen. Gleichzeitig enttäuscht und traurig, verwirrt und leer versuchte ich zu verstehen, weshalb sie so gelogen hatte. Sie musste doch wissen, dass wir irgendwann erfahren würden, wie das Leben mit ihr vor unserer gemeinsamen Zeit abgelaufen war. Wir hatten nur Fotos gesehen und gehört, was unser Vater alles verkackt hatte. Jetzt liess ich Mutter nicht zu Wort kommen. Wir hatten nichts vom Alkohol gewusst, nicht gewusst, dass sie aus Trotz mit einem Polizisten fremdgegangen war, wir hatten nicht gewusst, dass unser Vater in Therapie gemusst hatte und sich das Leben hatte nehmen wollen. Wir wussten nur, Vater war ein »schlechter

Mensch« und die Scheidung seine Schuld und er fremdgegangen und ohnehin habe er gesoffen. Hm.

Vor zehn Jahren verabschiedete ich mich also am Telefon wütend von meiner Mutter. Ich erklärte ihr, dass ich nichts mehr von ihr hören und wissen wollte und ich ihr nie verzeihen würde, dass sie uns zu ihrem eigenen Vorteil eine Vergangenheit aufgetischt hatte, die es so nie gegeben hatte. Sie hatte meine Liebe nie verdient. So meinte ich es. Sie verstand zwar den Text bis zum Schluss. Aber dieser eine verbale Ausbruch – für mich ein Jahrzehntereignis – hatte nicht einmal die Kraft, für sie zu einer klaren Erinnerung zu werden. Sie löschte das Gespräch für sich direkt, noch am selben Abend.

Ich war geladen. Die Entscheidung, sie aus meinem Leben auszuschliessen, traf ich mit ordentlichem Vorlauf. Es war genug mit den Anrufen von der Polizei, mit der Vormundschaftsbehörde und mit den Kliniken. Sie hatte uns und sich so viel Leid zugefügt – Autounfälle mit Verletzten, ihre Schädelbrüche, Stürze die steile Treppe hinunter, ihre mehrfach gebrochenen Beine und unerklärlichen Blutergüsse. Auch ihr Äusseres hatte irgendwann dem Druck der Substanzen nachgegeben. Es war nicht schön anzusehen und roch nach Tod, Lambrusco und Brunette Doppel.

Eine Handvoll Mal versuchte sie, mit mir Kontakt aufzunehmen. Weder hörte ich das Wort Entschuldigung, noch war sie nüchtern. Meine Tür stand offen: Ich bot ihr an, dass ich mich mit ihr hinsetzen würde, wenn sie je ein halbes Jahr lang nüchtern sein sollte. Dazu kam es nicht. Sie vergass die Abmachung früh. Alkohol. Selektives Vergessen schon wieder. Auch Narzissmus. Über allerlei Personen liess sie mir ausrichten, dass sie auf einen Anruf von mir wartete. Ich dachte nicht daran. Die Überbringenden dieser Nachricht fanden das häufig unangebracht von mir.

An einem Sonntag starb sie, zehn Jahre später. Meine Schwester war die letzten Tage für sie da und ich weiss, dass auch die Geschwister meiner Mutter noch mit ihr sprachen. Das Ende war intensiv. Einen Monat zuvor hatte sie die Diagnose Rachenkrebs bekommen. Wie in solchen Fällen üblich, wurde Bestrahlung und Chemotherapie verordnet. Es drängte. Meine Mutter lehnte die Behandlung mit physischer Gegenwehr ab, weshalb die Therapie sofort eingestellt werden musste, abgesehen von der Schmerzmedikation. Es war ihr nicht mehr gut möglich zu essen oder zu trinken. Ohne Behandlung wäre sie ohne Sonde wohl verhungert, wäre sie nicht nach der Rückkehr ins Bürgerheim unerwartet für immer eingeschlafen. Das stimmt mich positiv, denn sie hatte höllische Angst vor dem Tod und wünschte sich nichts mehr als einen »ruhigen« Abgang. Darüber hatten wir in besseren Zeiten gesprochen. Um uns herum starben ständig Leute. Das Thema kam auf. Ein Glück für alle. Ein versöhnlicher Abgang. Es musste nicht auch noch dramatisch enden.

Nach dem Gespräch mit meiner Schwester lege ich auf. Für Minuten starre ich aus dem Fenster. Ich sehe den Dreibündenstein nicht mehr, alles vor meinen Augen ist eine einzige Bildfläche. Mein Blick geht durch das Fenster, durch die Häuser, durch den Berg und durch den Rest dahinter, bis er in die Ewigkeit des Alls schiesst. Auf diesen Anruf warte ich seit dem Jahr 2002, als meine Mutter und ich unser Suizidversuch- und Klinik-Bingo begannen, mit je einem Punkt. Damals wurde mir bewusst, dass meine Mutter und ich mit unserem jeweiligen Lebensstil beide rasend auf eine Tragödie zusteuerten. Zu dieser Zeit waren wir beide berufstätig, beide hatten wir ein Suchtproblem, saisonale Depressionen und nahmen Medikamente. Während ich ausser Rand und Band war und die Kontrolle verlor, kam bei ihr der Lebenswille abhanden und die Faszination Tod übernahm das Steuer. Trotzdem hätte ich mir bei ihr niemals einen Suizid vorstellen können. Dafür war sie viel zu stolz und gleichzeitig ängstlich, was die Dunkelheit betraf. Meine Schwester hat mich daran erinnert, dass unsere Mutter uns mehrmals mit Selbstmord gedroht hatte. Jetzt war sie also gegangen, in Frieden. Den Anruf hatte ich zwar jahrelang erwartet, aber die Schlussharmonie war mir suspekt.

Es floss keine Träne. Ich sass auf dem Holzstuhl, bis mein Arsch weh tat und ich mich bewegen musste. Dann informierte ich einige Leute, schrieb Mails, tätigte Anrufe und stellte mich auf die kommenden Tage ein. Es würde brutal werden, sich an die vielen Probleme und Tragödien zu erinnern. Wir würden den Schmerz jetzt aufarbeiten müssen. Trotzdem wünschte ich Mutter Frieden und Ruhe.

Mutter

Das war der Montag, an dem mich meine Schwester informierte. Ihr ging die Sache nahe, ich hatte mich bereits vor zehn Jahren verabschiedet. So viele Abschiede von Mutter.

Sie war damals vor Jahren eine andere Mutter gewesen als die Frau, die nun gegangen war. Sie war ein anderer Mensch gewesen, als ich noch jung, ein Kind war. Damals war sie die sorglose Mutter gewesen, die Feiernde, die Partynudel. Es schien immerzu, als läge die nächste Sensation oder Erleuchtung unmittelbar vor uns. Die Hoffnung war immer da. Mal wollte sie auswandern, mal wurde geheiratet, Dianetik spielte kurz eine Rolle, dann wieder schickten Exit und Dignitas Unterlagen. Man las Magazine mit globalem Inhalt. Es musste für sie möglich sein, sich aus der Langeweile des Alltags mit (neuem) Mann, Kindern und Haustieren zu befreien. Mehr Freizeit, weniger Arbeit. Arbeit nur, weil es sein musste. Ewiges Leben. Ewige Party. Für immer jung auf Dauerschleife. Platzspitz, Letten.

Natürlich war es auch mir lieber, wenn es unter der Woche Beilagen und Fleisch gab und nicht nur Spiegeleier, Cervelat oder Büchsenravioli. Trotzdem dachte ich immer wieder, dass da etwas sein müsste, dass unser Leben besonders macht. Wir befanden uns gemäss meiner Empfindung immer auf dem Absprung aus dem alten Leben. Die Energie war da. Ausnahmen gab es. Im Nachhinein betrachtet war die Energie wohl eher der Dauerrausch zwischen Alkohol, Cannabis und Pillen.

Wie ich inzwischen weiss, neigen Alkoholkranke dazu, immer wieder dieselben Geschichten zu wiederholen. So hörten wir so lange die Mär von der Auswanderung nach Brasilien, dass ich sogar meinem Lehrer in der fünften Primarklasse erzählte, ich würde nach den Sommerferien nicht zurückkommen. So hatten es schliesslich die beiden Hoschis zu Hause erzählt. Im Suff. Immer wieder. Ich gab meinem Lehrer die Hand in der festen Überzeugung, das nächste Mal würde er von mir auf einer Postkarte aus dem Amazonas hören. Es wurde nichts daraus, natürlich. Im Herbst stand ich beschämt wieder vor dem Schulhaus in der Zweierreihe und wunderte mich, dass ich nie abgemeldet worden war und einen halben Sommer trotzdem geglaubt hatte, wir würden bald aufbrechen. Mutter und

Mann nahmen mich nirgends mehr ernst. Während ich zum Gespött des Schulhauses wurde, war den beiden Saufköpfen nicht einmal klar, dass ich sie in dieser Sache ernst genommen hatte.

Wenn Alkohol die Flucht ist, dann ist Nüchternheit das Grauen. Irgendwann wurde der betrunkene Zustand notwendig, schon allein, um zu verdrängen, dass nüchtern die Welt zusammenfiel. Die Ehen scheiterten, wir Kinder zogen früh aus, es gab Missbrauch und Gewalt, das Geld reichte nirgends hin, die einzigen Freunde warteten in der Kneipe. Irgendwann muss auch meiner Mutter gedämmert haben, dass es so nicht mehr gut enden konnte. Aber sie stemmte sich nicht überzeugt genug dagegen. Im Gegenteil, sie warf sich in den Kreislauf zwischen Therapie und Rausch, Stuhlkreis und Stammtisch. Alkoholismus, Hospitalismus, Medikamentenabhängigkeit, Narzissmus, Ego. Parkinson, Alzheimer, Persönlichkeitsstörung, Essstörung, Depressionen und notorische Lügnerin. Sie musste einiges mit sich klären und aushalten.

Als ich vor einer Dekade bei einer Werbeagentur in Chur beschäftigt war, nahm mich mein Chef an einem Montag zur Seite. Er erklärte, meine Mutter wisse offenbar, wo ich arbeite, denn sie habe am Wochenende zehnmal auf den Anrufbeantworter gesprochen, dicht wie ein Siphon. Es war traurig und ich wusste mich nicht zu erklären. Es zog an. Wann immer sie eine Nummer herausfand, die mit mir zu tun hatte, rief sie an und machte sich laut. Ich wechselte mehrmals die Nummer, hielt Arbeitsplätze geheim, umging gewisse Orte in Chur, mied die gesamte Familie mütterlicherseits. Alles nur, um ihr kein Futter zu geben, damit sie mich endlich in Ruhe lassen würde. Ob sie nun aus der Klinik anrief, dem Heim oder einer Notfallabteilung, es war unangenehm. Aber sie tauchte auch bei Lesungen oder Podien auf. Demütigende Szenen für alle. Sie entschuldigte sich bei diesen Gelegenheiten nie, sie war einfach plötzlich da und erwartete, dass ich mich dem fügte. Tat ich nicht. Auch als mich wildfremde Leute auf der Strasse in ihrem Namen ansprachen – was für ein furchtbarer Sohn ich doch sei. Ich senkte den Kopf und versuchte, nicht tätlich zu werden und ging stumm weiter. Es gab Zeiten, da wurde ich in der Stadt jede Woche von jemandem auf meine Mutter angesprochen. Pflegepersonen liessen sich zu dummen Social-Media-Nachrichten an mich hinreissen. Sogar die Vormundschaftsbehörde liess sich von ihr übertölpeln und gab meine Nummer heraus. Sie rief in Zeitungsredaktionen an und bot Geschichten über mich an. Sie schrieb mir unleserliche Notizen. Es gibt noch Dutzende ungehörte Combox-Nachrichten von ihr auf meinen alten Nummern. Sowohl im Altersheim als auch im Bürgerheim bat ich bei der Heimleitung vergebens um ein Telefonverbot.

Einmal passte sie mich im Bus ab, an der Haltestelle vor meinem Haus. Sie wusste, dass ich in einem fahrenden Bus kaum austicken würde. Also ertrug ich, wie sie mir zehn Minuten lang alle ihre neuen Diagnosen und somit Erbgutsrisiken aufzählte. Es reichte wohl nicht, dass auch ich bereits mit vierundzwanzig einen radikalen Entzug durchgemacht hatte, um nicht selbst im Suff zu verschwinden. Jetzt sollte ich auch wissen, dass Parkinson und Alzheimer in der Familie spriessten. Es gab nichts zu beschönigen: Mutter hatte nicht alle Tassen im Schrank und war egomanisch unterwegs. Es schien ihr enorm wichtig zu sein, dass ich haargenau wusste, welche Gebrechen mich im Alter erwarten würden.

Mir dämmerte spät, dass meine Mutter hinter meinem Rücken jahrelang über mich mit ihren Klinik- und Suffgspänli quatschte. Logisch. Sie musste rechtfertigen, dass ich für sie von der Erdoberfläche verschwunden war. Also begann sie mit der Zeit, Leuten Storys über mich zu erzählen, die es manchmal bis zu mir schafften. Der Ton morphte mit der Zeit. War ich zuerst einfach »weg«, »undankbar« und »launisch« gewesen, war ich nun ein »schlechter Sohn«, erzählte Unwahrheiten über unser Leben und alles nur, um es ihr heimzuzahlen. So beschied sie es den Zuhörenden. Das Opfer aller Opfer in seinem Element. Ich hatte ihr Herz gebrochen und das nach allem, was sie für mich getan hatte!

Als ich meine Autobiografie veröffentlichte, gab es endgültig keinen Frieden mehr. Obwohl ich ihr keine Schuld gab, urteilte ich hart über ihr Verhalten. Zudem war Stress vorprogrammiert, da ich im Buch einige Enthüllungen gemacht hatte, von denen bis dahin nur unser engster Familienkreis gewusst hatte. So wurde ich zum Nestbeschmutzer. Sie wollte Gegendarstellungen in den Tageszeitungen, rief Reporter an und kam zu Lesungen, nur um zu stören. Sie erzählte jedem, der es hören wollte, dass mein Buch komplett erlogen sei. Während bei meinen Lesungen meine Grossmutter, Tanten, Schwester und mein Vater sassen und alles abnickten, was im Buch stand, pochte sie auf ihre Version. Es war unnötig und egoistisch von ihr. In einer ihrer Nachrichten in der Agentur lallte sie davon, sich eine Anwältin zu nehmen, um das Buch verbieten zu lassen, garniert mit einem »Ich liebe dich, melde dich doch!«.

Wer bekommt schon als Grundlage für eine familiäre Annäherung gleich ein ganzes Buch als Erklärung? Aber ihr war es damals wichtiger, betrunken ihrem Stammtischvolk zu predigen, was für ein Wichser ich doch sei, statt sich mit dem Inhalt auseinanderzusetzen und ihn als Grundlage für die Aufarbeitung unserer Probleme zu nutzen. Ihr war es wichtiger, in ihrem kleinen Freundeskreis und bei den Pflegepersonen im Bürgerheim den Eindruck zu erwecken, sie hätte als Mutter alles gegeben. Immerhin, meine Schwester sprach noch mit ihr. Ich blieb stumm. Schlussendlich waren es zehn Jahre und ich stehe weiterhin zu jedem damals geschriebenen Wort.

Als Kind war ich einerseits selbstständig, fleissig in der Schule, belesen, aktiv im Sport und die meiste Zeit draussen. Anderseits war ich auch cholerisch, wechselhaft, ängstlich, nervös, zu introvertiert und allgemein auffällig in meinem Denken und Handeln. Für meine Eltern, genauer gesagt, meine Mutter, bedeutete das vor allem, dass ich in der Schule gut durchflutschte, egal warum und wie. Meine Probleme spielten sich ausserhalb der Schulzeit ab. Die Familie war das Problem. Aber da ich in der Schule so ausgezeichnet vorwärtskam, sah man zu Hause keinen Bedarf, mir gross unter die Arme zu greifen. Nachhilfe? Nur umsonst! Ein Instrument lernen? Wozu? In Therapie schicken? Wegen ein wenig Melancholie? Herausfinden, was der Kerl überhaupt im Leben werden will? Nix da, eine kaufmännische Ausbildung soll es sein. So stand es geschrieben. Entweder hatte meine Mutter den perfekten Riecher oder ignorierte mich vollständig, je nach Perspektive. Es hat auf jeden Fall funktioniert.

Vielleicht muss ich an dieser Stelle doch einige Dinge aufzählen, die wir unter der Aufsichtspflicht meiner Mutter erlebten, damit nicht vergessen wird, womit ich mich ab dem Alter von sieben Jahren herumschlug.

Da gab es zum Beispiel Ivan, einen Kriegsdeserteur oder kriminellen Flüchtling, je nach Aussage, der ein paar Wochen bei uns nächtigte. Dies zu allem Übel auch noch in meinem Zimmer. Ich teilte das Zimmer mit einem schnarchenden Schlächter. Wenn das doch das Wildeste gewesen wäre.

Meine Mutter war bei ihren Partnern nicht sehr wählerisch. So befand sich unter den angeschleppten Co-Abhängigen und obdachlosen Säufern auch der Kerl, der in der Folge meiner Schwester zu nahe kam. Als ob das nicht schon genug wäre, kam der

Kerl sogar noch ein zweites Mal zu Ehren bei unserer Mutter, Jahre nachdem wir ihn trotz ihrer Bedenken angezeigt hatten.

Es gab nicht immer Erklärungen für solchen Wahnsinn, aber jetzt weiss ich, dass in meiner Mutter auch gewaltige Brocken Narzissmus wohnten. Sporadisch mussten wir für sie kleine Sondereinsätze leisten. Wenn zum Beispiel in ihrer Mansarde mal wieder jemand zufällig verstarb und es galt, Bestatter und Polizei zu koordinieren. Sie in der Notfallabteilung besuchen, wo sie Polizisten bedroht im Vollrausch, nachdem sie mit 3 Promille und auf Medis ihr Auto auf einen Kreisel gesetzt hat, inklusive Hund. Damals arbeitete ich als Sozialarbeiter für die Stadt Chur. Herrliche Szenen. Oder wie sie und ihr Mann uns im Vollsuff von einer Alp am Heinzenberg nach Hause fahren wollen und im Slalom über die Landstrasse gondeln, am helllichten Tag. Habe ich schon von den aggressiven Haushunden erzählt, die uns bissen? Oder von meiner Katzenhaarallergie, von der meine Mutter wegen meiner Behandlung deswegen zwar wusste, sie jedoch ignorierte, als unsere Katze Junge bekam und ich fortan mit sieben Katzen in einer Wohnung lebte und für drei lange Monate kaum mehr Luft bekam. Daran erinnert sich sogar meine Schwester, damals erst etwa drei Jahre alt. Ich erinnere mich an ein Gespräch mit meiner betrunkenen Mutter, während ich auf meinem Bettrand sass. Sie erklärte mir, wie viel Geld sie gehört habe, dass man für ein Kind in meinem Alter bekommt, wenn man es verkauft. Einen Ehrenpreis bekommt sie für das Vergessen der Nachbehandlung meiner Tumoroperation. Dort, wo eigentlich die Operationsnarbe regelmässig hätte gesäubert werden müssen, war nach einigen Monaten das Ohr einfach zugewachsen. Das nennt sich wohl soziale Verwahrlosung. Die resultierende Entzündung begleitete mich mehrere Jahre lang und der Schaden war irreparabel. Ich verlor das Gehör auf der linken Seite komplett, weil sie vergessen hatte, die Termine zur Pflege abzusprechen. Sie hatte es einfach vergessen. Ich trug für drei Monate täglich einen Verband und die Alte vergass meine Nachbehandlung. Nach einem halben Jahr sass ich vor einem schockierten Hausarzt und wir einigten uns auf die Version, dass das Krankenhaus schuld sei und der Arzt gepfuscht habe. Ironischerweise hatte er tatsächlich gepfuscht, aber das spielte jetzt auch keine Rolle mehr mit dem zugewachsenen Gehörgang.

Oder auch die absolute Verwirrung, als wir nach Jahren von Alimentenzahlungen unseres Vaters irritiert feststellten, dass genau nichts von allem übrig war für eine weiterführende Schule, für ein Vereinsleben oder selbst für Kleider. Sie hatte nicht nur ständig über unseren Vater abgekotzt, sondern auch sein Geld für die Finanzierung ihres täglichen Rauschs benutzt. Sie hatte in Wellen alles versoffen. Ein paar viele Schweizer Franken jeden Monat, über Jahre. Wir, die wir um Geld für den Sportverein betteln mussten, täglich ein Zugticket in die Stadt für die Schule kaufen mussten und kein Sackgeld bekamen. Wir, die aus der Jungwacht austreten mussten, die Kleider der Geschwister nicht nachtrugen, denn alle Kleider wurden getragen, bis sie kaputt waren und erst dann gab es neue Kleider. Wir, die manchmal Hunger hatten. Pro Juventute gab uns Geld für Schulbücher. Zum Geburtstag gab es Schulsachen. Weder durfte ich in die Musikschule noch studieren. Es war schlichtweg unrealistisch, bei dieser finanziellen Lage. Als Kind verstand ich das, als Jugendlicher hinterfragte ich es und als Erwachsener war ich schockiert.

Als ich in meiner Berufslehrzeit als Neo-Buchhalter herausfinden wollte, was eigentlich mit den Alimenten passiert war, traf mich fast der Schlag. Sie hatten ausschliesslich ihren Lebensstil und ein paar Umzüge finanziert. Das bedeutete im Umkehrschluss, dass unser Vater primär Alimente überwiesen hatte, um unserer Mutter ihren bisherigen Lebensstil am Rande des Absturzes zu erhalten.

Sie erklärte mir wiederholt und leidenschaftlich, bei einer Scheidung dienten die Alimente vor allem als Sicherheit für die Ehefrau. Ich verstand. In den Phasen, als die Alimente gar nicht kamen oder um sie gestritten wurde, fiel unser gesamtes Leben auseinander. Es gab kein Geld mehr für nichts, der Kühlschrank war leer. Hoffnung war immer da: Es wurde ein Kindermädchen aus dem Tessin eingestellt, damit man selbst wieder fünfzig Prozent arbeiten konnte. Leben kostet, Kinder kosten, Freizeit kostet, Luxus kostet, Alkohol kostet, Kneipen kosten, Drogen kosten, Ausflüge nach Zürich kosten. Alles kostet. Auch die Seele.

Ehrlich, ich bin nicht wütend, wenn ich zurückblicke. Aber wie man ihr all das durchgehen liess, ist für mich heute noch ein Rätsel. Keine Ahnung, was die Sozialdienste in den 90ern so taten, aber bei uns kamen sie nicht vorbei. Auch nicht, als eine Sonderkommission an einem schönen Morgen unsere Wohnung in Ems stürmte und unsere Erziehungsberechtigten verhaften wollte, die allerdings gerade in Portugal waren. Am Heiraten. Aber nicht einander. So viel zum offensichtlichen Strafbestand. Keine Ahnung, wie die Geschichte ausging, übrigens. So viel wiederum zur Transparenz. Auch die Besuche bei Anwälten, die merkwürdigen Telefonate mit Leuten, die über irgendetwas Bescheid wussten. Und die feiernden Leute. Immer wieder Party. Ständig irgendwelche Kiffer und Kokser in der Hütte, am besten tagelang. Später, als ich schon längst über alle Berge geflohen war, zogen die auch mal bei Mutter ein.

Früher hörte ich bei Beerdigungen, er oder sie sei jetzt an »einem besseren Ort«. Das trifft bei meiner Mutter nicht nur zu, es dürfte auch zum ersten Mal seit dreissig Jahren ein besserer Ort sein, denn es ging stetig abwärts. Die meisten Familienmitglieder hielten Abstand, wir Kinder waren früh raus, die Ehemänner gingen, die Partner blieben nicht lange und in den Heimen fand sie nur bedingt Anschluss in ihrer Situation und mit ihrem Charakter. Die Stammkneipe war wohl das einzige Refugium im Alltag. Im Westend Chur müssten sie ihr eigentlich einen Altar bauen. Zum einen besuchte sie dieses Lokal jahrzehntelang, bis zum Tod. Zum anderen war es die einzige Konstante in ihrem Leben. Man wusste nicht viel über das, was sie dachte. Aber man wusste, wo sie zu finden war.

Wir waren nicht religiös, wir waren nicht parteiisch, wir waren weder patriotisch noch besonders ausgeprägt skeptisch gegenüber fremden Leuten.

Wir waren gar nichts so wirklich. Wir gehörten nirgends dazu. Es gab keine Vereine, es gab keine Clubs, es gab keine Kurse, es gab keinen erweiterten Freundeskreis. Es gab sehr wenige Personen, die lange mit ihr und uns konnten. Ich ziehe meinen Hut in Ehrfurcht und danke diesen Leuten.

Aus diesen Gründen bin ich aufrichtig erlöst vom Umstand, dass meine Mutter verstorben ist und zwar ohne lange Leidenszeit und im Schlaf.

Obwohl ich nicht an einen spezifischen Gott glaube, bete ich gelegentlich. So sprach ich am Abend jenes Tages direkt zu ihr und versuchte, mich mit einem Selbstgespräch selbst abzuhören. Ging es ihr jetzt besser? Ging es mir jetzt besser? Waren da neue Gefühle? Überraschte mich die Trauer? Ich hoffte auf jeden Fall, dass sie, so wie es in der Kirche gepredigt wurde, erlöst war vom irdischen Schmerz. Ich wünschte ihr, dass alle Sorgen weg wären und sie in der Form einer jungen Frau wieder so empfände wie vor der Zeit als Familie. Damals war sie vermutlich am glücklichsten gewesen.

Das Vermächtnis

Ich bekam die Unterlagen, die mein Erbe betreffen. In unserer Welt wird das Erbe häufig als riesige Überraschung betrachtet – der Onkel aus Amerika, der Prinz aus Nigeria. In meiner erweiterten Familie wurden im Laufe der Zeit einige Immobilien errichtet, Aktien angehäuft und es gibt sicherlich auch einige Menschen mit einer guten Altersvorsorge und einer dritten Säule. Aber das war nicht unsere Ausgangslage. Das Thema Altersvorsorge ist an mir vorbeigezogen und bis heute hege ich erhebliche Zweifel, ob ich nicht bis zum Ende meines Lebens arbeiten muss, auch falls ich irgendwann nicht mehr möchte.

Aber nun kommen wir zum grossen Plus der Erziehung durch meine Mutter. Es hatte einen Effekt auf meine Resilienz, da diese in meinen jungen Jahren zwangsweise so überdurchschnittlich trainiert wurde, dass ich bereits mit Anfang zwanzig die Bezeichnung »Lebenskünstler« trug. Ich hatte immer Tempo, war hyperaktiv, belesen und leider etwas unterernährt. Ohne die Details genauer zu betrachten, kann man zum Schluss kommen, dass die Verwahrlosung meiner Mutter bei mir zu einer immensen Widerstandsfähigkeit geführt hat. Alles lieber als auch nur eine Minute zu Hause zu sein. Daher war ich gut in der Schule, gerne im Sport und bei der Jungwacht, fand die Natur klasse, fuhr gerne Rad, spielte am Fluss, begann mit Musik und war ein leidenschaftlicher Gamer auf Brett und Konsole. Alles lieber als zu Hause mit der Familie zu interagieren. Mit Menschen hatte ich es nicht so, denn sobald ich ihnen von zu Hause erzählte, wurde es seltsam. »Die Leute reden«, sagte meine Mutter immer.

Also muss ich bei jeder Person kurz überlegen, was ich erzählen kann und will, was ich preisgeben möchte. Das halte ich bis heute so. Ich ignoriere nach wie vor Small Talk fast bis zum Rand des unangenehmen Schweigens. Mehr als ein Hallo und Auf Wiedersehen hören Leute nicht von mir, wenn sie zufällig ein wenig Zeit mit mir verbringen, zum Beispiel im Bus. Auch wenn sie dort reden wollen – ich nicht. »Sprich nicht, wenn nicht gefragt« – auch das stammt von meiner Mutter. Kann man sich kaum vorstellen.

»Man lernt laufen, wenn man sich kein Ticket für

den Bus leisten kann.« Zitat meiner Mutter, Autofahrerin und mehrfache Unfallverursacherin. »Wir hatten nie Geld und wir bekamen auch kein Sackgeld«: die Universalantwort meiner Mutter auf jede Anmeldung für irgendwelche Freizeitangebote, Ferienpässe oder Sportvereine. Oder neue Sneakers. Vergiss coole Sneakers.

Ich lernte auf spielerisch-passive, passiv-aggressive Art den Umgang mit Geld. Ich bekam so lange keines, dass es auf mich wie ein Beschleuniger wirkte, als ich für meine Arbeit plötzlich Geld erhielt. Kaum war ich in diesem kapitalistischen System, lernte ich es für mich zu nutzen und stürzte mich kopfüber in alle möglichen Jobs. Überall, wo sich Möglichkeiten für Arbeit auftaten, war ich am Start. Ab zwölf war ich Ministrant. Mit dreizehn begann ich, Pfandflaschen zu sammeln und in der Badeanstalt zu putzen. Mit vierzehn beschloss ich, neben der Arbeit als Sommerpfandsammler Musik zu machen und Texte dafür zu schreiben und ging auf die Alp. Mit fünfzehn putzte ich nach meiner Arbeit in der Badi einen Sommer lang Festwirtschaftsmöbel bei einer Brauerei. Schliesslich war ich mit kaum 16 bereits zu hundert Prozent in einem Kloster im Wallis beschäftigt und finanzierte mich vollständig selbst. Eine Lehrstelle fand ich erst danach. Wenn ich es genau betrachte, habe ich ab dreizehn in meiner Freizeit gearbeitet und auch nie wieder aufgehört.

Auch zuvor waren wir oft auf der Alp, am Helfen in den Ferien. Meine Mutter unterstützte diese Einsätze, half mir, die entsprechenden Orte zu finden und verzichtete auch lange auf Abgaben meinerseits an unseren Haushalt. Das verdiente Geld gehörte mir selbst. Den Fleiss habe ich wohl auch geerbt, den Hustle. Die Dinge, die ich mir selbst kaufte, wurden im Gegensatz zu Geschenken auch nicht mehr weggenommen, wenn ich etwas verbockte. Dieses Detail gefiel mir gut; diese Logik ging für mich auf. Zwar sollte ich nie stehlen, lügen und zeitweilig wurde mir auch befohlen, nie das Weib meines Nächsten zu begehren. Das verstand ich nie – was ich mit diesem Nächsten zu tun hätte oder mit dessen Frau. Aber nicht lügen, nicht stehlen.

Ebenfalls sehr wichtig und auch eine Regel aus dem Munde meiner Mutter: »Wenn man dich bei etwas erwischt, steh dazu. Such keine Ausreden. Wenn du es warst, gib es zu.« Das meinte sie auch wörtlich. Als mich die Polizei zum ersten Mal beim Sprayen erwischte, fuhren mich die stolzen Trophäenjäger nach meinem Geständnis nach Hause, wo meine so überhaupt nicht aufgeregte Mutter wartete. Und genau, wie sie es versprochen hatte, sagte sie zu den Beamten: »Ihr könnt ihn wieder mitnehmen, wenn er etwas verbrochen hat.« Nicht, dass mich so viel erzieherische Geradlinigkeit überrascht hätte, dennoch war ich wie die Polizisten erstaunt über ihre Härte, denn es ging um drei Schmierereien, nicht um einen Mord. Die Beamten erklärten ihr kurz und knapp, dass ich nicht mehr aufs Revier müsse; es sei erledigt, später gebe es eine schriftliche Meldung. Also verabschiedete ich die Beamten und begab mich unter deren verwirrten Blicken in mein Zimmer. In dasselbe Zimmer, in dem ich wohnte, als die erwähnte Sonderkommission nach meiner Mutter gesucht und ich sie gedeckt hatte.

Mit keiner Silbe hatten wir damals auch nur das kleinste Detail verraten. Wir waren später an diesem Morgen kommentarlos zur Schule und in den Kindergarten gegangen und einzig mein Lehrer bekam von mir eine halb aufschlussreiche Erzählung über die Polizei bei uns zu Hause. In einer ähnlichen Situation hätte mich nun meine Mutter, ohne überhaupt zu wissen, worum es ging, über Nacht in die Zelle stecken lassen.

Das war aufschlussreich. Auch wenn ich viele Regeln wie das »Dazu Stehen« von meiner Mutter mit auf den Weg bekam, hielt sie sich selbst an keine dieser Regeln. Weder log sie nicht, noch stahl sie nicht, sie verschleierte jeden ihrer Fehltritte individuell und schob anderen Leuten offen Schuld an allem zu, was in unserem Leben nicht sein sollte. Ich blieb bei ihren Regeln und je älter ich wurde, desto mehr Sinn machten sie, auch wenn sie nur für mich galten.

Meine Mutter verreiste gern. Nicht so gern mit uns natürlich, aber zu Beginn der Ehe mit Mann 1 wurden noch Ausflüge geplant, Urlaub. Meistens Italien, Österreich. Mit ihrem zweiten Ehemann ging es dann auch noch nach Spanien und Portugal. Während dieser Reise entstand wohl auch die Idee mit der Auswanderung nach Brasilien, obwohl ich mich erinnere, dass ich einen Artikel über Brasilien aus dem GEO-Magazin zum Lesen bekam vom zweiten Ehemann. Das Reisen war meiner Mutter wichtig und teuer. Aber als die erste Ehe in die Brüche ging und die zweite zu einem Paradebeispiel für White Trash mutierte, wurde offensichtlich, dass sie sehr wohl Reisen für sich und ihre Partner organisieren und finanzieren konnte – lediglich nicht für uns Kinder. Dabei waren Sprachen doch so wichtig! Urlaub beflügelt die Kultur! Doch ebenso wichtig war es, keinen Entzug zu machen, alle Medikamente und Alkohol jederzeit griffbereit zu halten und nicht zufällig noch einmal an der Grenze kontrolliert zu werden. So weit, so schlau. Aber dass Sprachen tatsächlich wichtig waren, lernte ich auf diesen wenigen Reisen. Ausserdem merkte ich rasch, dass ich vor meinen Eltern nur Frühstücksfernsehen aus den USA schauen durfte, wenn ich mir zumindest die Mühe gab, die Worte zu verstehen. Das tat ich. Mit sechs Jahren sprach ich auf dem Familienfest väterlicherseits gebrochenes Englisch mit den Verwandten aus Amerika. Für meine Grossmutter war das keine Überraschung; sie hatte mich schon öfter vor dem Fernsehgerät gesehen, wie ich morgens den Comicfiguren an den Lippen hing und mich diebisch freute, wenn ich etwas nachsprechen oder aus dem Englischen übersetzen konnte. Sie half. Oder auf Italienisch im italienischen TV, wo am Freitag und Samstag die Comicsendungen liefen. Ich wollte einfach Comics und Kindersendungen sehen und die waren bitteschön auf Deutsch beschissen. Aber Sky Channel und die DJ Cat-Show waren eine andere Welt. *Scacciapensieri* auf Italienisch war sogar die absolut einzige Sendung jemals in meinem Leben, die mein Vater mit mir bereit war anzusehen. Er sprach Italienisch. Die englische Sprache musste ich immer umstellen, wenn Vater oder Mutter Sportsendungen oder Telenovelas schauen wollten. Meine Mutter bekam nicht mit, dass ich plötzlich zahlreiche Brocken Englisch sprach und mit den Verwandten in Maryland telefonierte. Zu Beginn der Sekundarschule sprach ich bereits Englisch, Italienisch und Romanisch. Drei Fremdsprachen, wenn man Hochdeutsch mitzählt, sogar vier. So war für meine Mutter klar, dass dieses Talent für Sprachen meinen Weg ebnen sollte. Zum einen würde ich einen Bürojob finden, zum anderen könnte ich mit diesem Talent sicher auch eine weitere Sprache lernen. Man hätte sicher einen Weg für mein Sprachtalent gefunden. Allerdings erwies es sich als nutzlos, denn die Lehrstellen, die ich wollte, verlangten Mathematik, Geometrie und Handwerk. Nichts davon fiel mir leicht und ich wollte diese Fähigkeiten nach der Schulzeit auch nicht weiter ausbauen. Niemand erklärte mir in einem Einzelgespräch die Möglichkeiten. Es hiess entweder Studium oder Lehre. Da ich das Gymnasium bereits abgebrochen hatte, war dieser Pfad für mich (vorerst) geschlossen. Es musste eine Lehre sein. Und in welcher hilft einem Sprachtalent? KV. Fand ich einen Job? Nein. Aber ich ging nach St. Maurice im Wallis und lernte Französisch. Ausserdem vergass ich aus Trotz Romanisch. Eine Sprache, die ich zwischen sieben und neun sowohl in der Schule als auch mit Teilen der Familie gesprochen hatte – einfach vergessen. Weg war sie. Aber wen interessiert das schon, wenn ich jetzt alle anderen Landessprachen sprechen konnte? Meine Mutter sprach Romanisch, schlechtes Deutsch, Italienisch und Englisch. Von mir erwartete sie mehr, das war offensichtlich.

Dass meine Mutter kein Verständnis für meine Gehversuche in der Musik hatte, zeigte sich auf verschiedene Weisen. Zum einen durfte ich zu Hause nicht laut sein. Das heisst, ich konnte Musik nur dann laut hören oder spielen, wenn sie nicht zu Hause war. Als ich 1994 auf dem Pausenhof von einem Lehrer angesprochen wurde, weil ich meine Mixtapes und erste Demokassetten an Mitschüler verteilte, wurde das von ihr nicht einmal kommentiert, nachdem die Schule es gemeldet hatte. Als ich ein Instrument lernen wollte, war das Problem der Kauf des Instruments. Schlagzeug war zu teuer, Keyboard war kein Thema, ebenfalls zu teuer. Die Flöte wollte ich nicht und für die Gitarre war die Musikschule zu teuer. Also schnitt ich weiterhin meine Tapes zu Hause und kaufte mir mein Equipment selbst von den Ferienjobs Jahre später. Auch dieser Antrieb stammt also direkt aus dem Verhalten meiner Mutter. Hätte meine Mutter meine musikalischen Ambitionen als Kind nicht so vehement ignoriert, hätte ich kaum diese DIY-Attitüde entwickelt. So brachte ich mir alles selbst bei – von der Idee bis zur Veröffentlichung. Heute bin ich imstande, professionelle Musik in meinem Wohnzimmer zu produzieren und sie von dort aus ohne Hilfe zu veröffentlichen. Ich musste es lernen, sonst wäre es nicht möglich gewesen. So wurde ich ein erfolgreicher Musiker. Mit vierundzwanzig erhielt ich meine erste goldene Schallplatte, trotz aber definitiv auch dank meiner Mutter.

Ihre Geschwister standen ihr sicher näher als wir Kinder. Das lag auf der Hand. Sie war eines von elf Kindern. Eine solche Bande ist ganz anders verschweisst als wir Kinder mit der überforderten Mutter später. Ihre Schwestern und Brüder und teilweise auch deren Partnerinnen hatten auch das Vergnügen, sie vor unserer Zeugung zu erleben, als es noch unbeschwerte Feste zu feiern gab. Unsere Tanten und Onkel kannten unsere Mutter seit ihrer Geburt und hatten die Gelegenheit, die heranwachsende Theres kennenzulernen. Eine junge Frau, die stets ihre Träume offen erzählte und wusste, wo die Musik spielt. Sie musste die ersten Nötigungen wegstecken, um ihre Energie nach vorn nicht für Selbstmitleid zu verschwenden. Uns beiden Kindern wurde im Erwachsenenalter bewusst, wie viel glücklicher und anders unsere Mutter vor uns gewesen sein muss. Dafür beneiden wir ihre Geschwister, so etwas hätten wir auch gerne geteilt. Aber es gehört ihnen wie ein Schatz, dessen Schloss sich von uns nicht öffnen lässt. Somit ist ein Teil ihres Vermächtnisses in ihren Geschwistern die Erinnerung an die junge Theres, neugierig, aufgeschlossen, mutig.

Die schönen Momente

Schwierig, unsere gemeinsame Zeit nach Highlights zu durchsuchen. Das Glück war mir hold, denn trotz mieser Karten fand ich meinen Weg, konnte Ziele erreichen, Träume erfüllen und war gesamthaft glücklich. Meistens. Es gab düstere Episoden, aber überwiegend konnte ich meinen Kopf über Wasser halten. Ich konnte mich in mich zurückziehen. Dort war Ruhe.

Etwas, das für immer und ewig als Trauma übrig bleiben wird aus der Zeit mit meiner Mutter, ist, dass ich die längste Zeit meines Lebens vor allem sie beeindrucken wollte. Sie war der Massstab aller Launen. Ging es ihr gut, ging es allen gut. Waren also meine Noten gut vor dem Sommer, gab es viele Gründe für einen guten Sommer. Deshalb lieferte ich Ergebnisse. In der Schule, im Sport, in den Hobbys. Ich wollte diese Frau beeindrucken, weil ich dachte, sie strengt sich unendlich für mich an. Alle sagten das: »Deine Mutter gibt alles, aber es ist schwer als alleinerziehende Mutter.« Das ist so und gilt auch immer noch global. Aber immerhin, wenn ich ein gutes Zeugnis lieferte, war sie glücklich und stolz, gab mir Geld und Liebe. Es wurde gefeiert. Inzwischen ist mir klar, dass das eher mit einer gewissen Selbstverliebtheit erklärt werden muss und auch mit dem Umstand, dass mich alle weiterhin unterschätzten, also Erleichterung über den Triumph des Asthma-Bubis. Dennoch waren es Momente des Feierns.

Ich erinnere mich an Reisen nach San Marino (mit Mann 1) und Portugal (mit Mann 2). Beide Urlaube sind mir im Gedächtnis geblieben, auch wenn ich registriere, dass San Marino kurz vor der Scheidung war und ich in Portugal harte allergische Reaktionen auf die Mischung aus Hitze und Wolldecken im Auto hatte. Aber das waren Peanuts im Vergleich zur Katzenhaarallergie mit sieben Katzen zu Hause. Es blieb mir im Gedächtnis. Genauso wie die kackenden Kinder am Strand und der verglaste Hotellift in Porto. An beiden Orten gab es Fisch und Cola mit den lampigsten Fritten der Dekade. Ich war schon mit wenig happy. Sehr wenig. Mit einem Leuchtturm und hohen Wellen war ich vier Stunden beschäftigt.

Nun habe ich mir beinahe eine Stunde den Kopf zerbrochen, um mich an besonders schöne Momente zu erinnern. Und ich merke, dass ich diese

Momente vorwiegend erkenne an jenen Tagen, an denen es mir selbst extragut ging. Obwohl der Ansatz für gemeinsame Momente da war, musste ich die Initiative ergreifen. Vielleicht glaube ich deshalb in der Nachbetrachtung, dass ich für diese schönen Momente oft selbst verantwortlich war.

Es gab Orte, an denen war es gut mit meiner Mutter. Zürich zum Beispiel. Letten und Platzspitz. Das fand sie klasse, spannend, aufregend. Been there, done that. Aber darüber gibt es bereits Bücher. Sie war gerne unter wilden, spannenden Leuten. Zoos waren lange Zeit ein magnetischer Ort. Überall, wo man wilde und spannende Tiere anstarren konnte, gingen wir hin. Wir durften in den Zoo UND in den Zirkus, nümanüt. Und das in Zürich!

Tiere waren ebenfalls verantwortlich für viele schöne Momente. Barry, Salami, Negroni, Mono, Napoleon ... so hiessen die Haustiere, die ich als Mitbewohner erlebte. Noch während ich das notiere, fällt mir auf, für wie viele von ihnen das Schicksal bei uns auch nicht positiv ausging. Ich glaube, der Zwerghase Napoleon mit dem Kragen war das erste Vieh, das es sein ganzes Leben mit uns aushielt und eines natürlichen Todes starb. Aber Tiere brachten meiner Mutter und auch mir eine gewisse Freude und vermutlich auch Stabilität. Die

Gassi-Gänge waren etwas wie ein tägliches Mantra, die Stunden ohne Tiere fühlten sich nutzlos an. Von anderen Familien weiss ich, dass jagende Katzen, respektive deren Beute (meistens Innereien von Vögeln), eher panisch entgegengenommen wurden. Wir pilgerten morgens um das fleischige Blutding und feierten unsere Katzen, mit den Haferflockenschüsseln in der Hand, wie es sich gehört. Das war lustig. Auch sich über andere Tierhalter aufzuregen, war beizeiten Volkssport bei uns in der Familie. Wir hielten uns für besonders clever. Auch wenn unsere eigenen Tiere ab und zu überraschend und dubios eingingen oder verschwanden.

Es gab kaum Momente, in denen wir miteinander sassen, vergnügt plauderten und uns alle Zeit der Welt lassen konnten für einen Austausch, so wie die Familien im TV. Die machten das beim Abendessen, soweit ich das beurteilen konnte. Wir hatten das nie. Es fühlte sich an wie ein Videospiel, jeder Tag ein neues Level, eine neue Zeitbombe, neue Herausforderungen, Quests, Seitenquests, Bösewichte, fliegende Objekte und ein Luigi würde sicher auch noch auftauchen. Es blieb keine Zeit zum Innehalten zwischen den Umzügen, Schulsemestern, Prüfungen, Dramen und Ferien. Der brennende Reifen rollte immer den Hang hinunter. Manchmal traf er ein Objekt, manchmal einen Menschen. Es gab auf jeden Fall immer wieder Kollateralschäden immerfort und nimmerend. Ein Unfallmobile. Jeden Tag gingen wir einkaufen oder hatten die Pflicht, ein Küchenamt zu verrichten. Völlig in Ordnung. Aber so waren wir auch hautnah an der Entsorgung vieler Gebinde beteiligt und kannten mindestens die Wohnungsrationen. Nichts Peinlicheres als abends auf der Strasse zum Container, wenn der Müllsack platzt und die Scherben sich auf der Nebenstrasse verteilen unter dem grellen Nachtlicht der Strassenlampen. Und der Stolz, wenn genau das nicht passiert. Das perfekte Verbrechen. Irgendwann hatte ich den Dreh raus, wie man geräuschfrei Säcke voller Altglas entsorgt. Schlaumeierei fanden wir auch beide gut. Mischeln. Mauscheln. Ausprobieren. Trial and Error. Hauptsache einen Schritt näher am grossen Ding. Wobei sie dann das grosse Ding tatsächlich verpasste, weil sie zur Zeit meiner ersten Erfolge und bis zum Ende der ersten Tour schon nicht mehr gern gesehener Gast war, muss man leider sagen. Aber sie erlebte das grosse Ding, immerhin, es bleibt ohnehin ein gemeinsamer Triumph, egal, wie ich dazu stehe. Tatsachen sind Tatsachen.

Mein grösster Zeitvertreib war schon lange bevor

ich damit erfolgreich wurde, die Musik. Zwar ging es nur drei Alben vom ersten Song bis zum ersten Deal und nur vier Alben zum grössten Erfolg. Dennoch war ich auf den ersten drei Platten noch mit Selbstfindung beschäftigt und dem gleichzeitigen Ausloten von Grenzen. In Amerika war Eminem gerade damit erfolgreich, seine Mutter öffentlich zu denunzieren und in der Musik zu beerdigen. Bei mir hatte es in meinen Songs Anspielungen auf unsere zerrüttete Familie gegeben, aber sie hielten sich im Rahmen – vorerst. Die Abrechnungen kamen Jahre später. So wollte ich meiner Mutter im vollen Bewusstsein ihres Einflusses auf meine Inhalte eine direkte Plattform geben. Ich wollte endgültig den Vogel abschiessen: ein Song *mit* meiner rappenden Mutter, über meine Mutter. Ich wusste: Wenn sie mit uns im Studio wäre, würde sie ja von uns gecoacht werden. Wir waren die besten Coaches weit und breit, wir unterrichteten Rap an Schulen. Das Thema des Songs war klar: »Sogar meine Mutter rappt besser als du.« Und das tat sie. Der Song schlug in der Szene ein wie eine Bombe, kurze Zeit hofften wir sogar, meine Mutter würde imstande sein, ihn mit uns zu performen. Aber Alkohol. Bei mir auch, damals. Keine guten Shows müssen das gewesen sein. Der Song hat überlebt, sogar jetzt, in der Zeit des endgültigen Abschieds haben sich einige, die sie kannten, an den Song erinnert. Vielleicht ist ihr Beitrag auf diesem Lied auch unsere schönste Erinnerung. Damals bedeutete es mir viel. Sogar der alte Eros-Ramazzotti-Fan namens Vater wurde eifersüchtig und wollte ebenfalls einen eigenen Song mit mir aufnehmen. Kann man sich nicht ausdenken. Zum Glück hat mich meine Schwester bislang verschont, die hört nämlich Rammstein. Mutter wird also auf dem Song *Mini Mä rappt besser als du* vom Album *Wüssa Müll* in die Ewigkeit eingehen. Danke, Theres! Das haben wir sehr gut gemacht.

Auch ihr Netzwerk hat mir einige sehr wertvolle und schöne Bekanntschaften geschenkt. Der Ländlergott Arno Jehli ist seit Jahren mit mir befreundet und ich durfte kürzlich wieder mit ihm arbeiten. Er hat auch die Tracht beigesteuert im *Superschwiizer*-Video. Der Videodreh damals war ebenfalls ein Highlight unseres Lebens. Meine Mutter hatte Unmengen an Gerstensuppe für den Drehtag gekocht und die 150 Komparsen am Set waren glücklich und satt. Mir blieb ein weltberühmter Videoclip, prämiert in Kuba, Grossbritannien und der Schweiz. Danke für die Suppe an diesem Tag. Danke, dass ich Arno kennenlernen durfte.

Ausserdem hätte ich auch meine Lehrstelle bei der Calanda-Brauerei ohne sie nie bekommen, auch dort ihr Vitamin B. Diese Brauerei verkaufte aber auch eine verdammte Menge Bier an uns, seit Anbeginn der ersten Trinkversuche meiner Mutter. Und auch mein erster Rausch wurde verursacht durch Bier aus dem Laden, der mich später finanziell unabhängig von meiner Mutter machte. Bier war mein Fluch, aber gleichzeitig war die Brauerei mein Segen.

Was ich als gutes Gefühl noch abrufen kann, waren die Restaurantbesuche. Ich lernte Tischmanieren im Ernstfall, es war meiner Mutter wichtig, dass ich wusste, wie man sich am Tisch benimmt. Randnotiz: Die Ehe mit Ruedi scheiterte gemäss ihm unter anderem wegen des furchtbaren Verhaltens meiner Mutter bei wichtigen Essenseinladungen. Ihr war wichtig, dass wir gelegentlich auswärts essen gingen. Nicht zu McDonald's oder zu anderen Billigfleischfarmen. Nein, wir berücksichtigten einheimische Gastronomie, bevorzugt italienische Küche, aber auch traditionell schweizerisch und seltener Gourmet. Die Essen waren immer Highlights bis zu dem unheiligen Moment, als mir zum ersten Mal bewusst wurde, dass wir im Auto in Gefahr waren, weil die fahrende ebenso wie die beifahrende Person stark unter dem Einfluss von Dingen standen. Ich entwickelte diesbezüglich sehr schnell eine Panikstörung, als ich begriff, wie Alkohol funktioniert. Nach meinem ersten Bier mit dreizehn verstand ich: Nach zwei von denen sollte man nicht mehr ins Auto steigen. Nach sechs Stangen, Wein und Grappa schon gar nicht. Aber die Essen waren schön, es machte Freude, an einem Tisch zu sitzen und nicht den Gesprächen im Fernseher zuhören zu müssen.

Wenn wir je lange redeten, dann in diesem Setting im Restaurant beim Warten auf das Essen. Es wurde auch nicht jedes einzelne Mal gebechert. Aber es liess sich keine Formel für diese Abstürze finden. Den Knigge bekam ich dennoch obendrauf, quasi. Sogar Fischbesteck und Kaviar wurden irgendwann aus Prinzip abgearbeitet. Alles sollten wir kennen. Als hätte man mich vorbereiten wollen auf eine Karriere als Verwaltungsrat einer Bank: Fremdsprachen, Manieren, Disziplin. Mutter kochte auch nicht gerne, deshalb waren solche Restaurantbesuche regelmässig. Mit den Möglichkeiten der Pizzakuriere (die gab es flächendeckend bei uns erst nach dem Millennium) ging ebenfalls eine gekochte Mahlzeit pro Woche unter, zumindest wenn Geld im Haus war. Fastfood hatte es sonst schwer bei unserer rauchenden Mutter. Amerika war allgemein nicht so ihr Ding. Weder politisch noch die Leute noch die Kultur. Aber Fastfood absolut gar nicht. Auch wenn bei uns einmal pro Woche die Vorräte an Tiefkühlpizza, Büchsenravioli und Ofenlasagne im Doppelpack aufgestockt wurden. In der Küche wurde meistens nicht geraucht, darum war ich dort oft lieber als im Wohnzimmer. Als wir Kinder waren, wurde überall geraucht. Als wir älter wurden, in der Küche und im Schlafzimmer nicht mehr, dafür vermehrt draussen auf dem Balkon. Irgendwann wieder überall. Endgültig. Bis im Heim der Riegel vorgeschoben und das Budget hart gekürzt wurde. In den Restaurants damals konnte man ebenfalls rauchen. Ich erinnere mich nur an den elenden Geruch der Lokale. An die Mischung aus verschüttetem Bier, Stumpen, Zigaretten, Rotwein und Rülpser und Fürzen, durch einen Kältefilter, im Morgennebel der Trinkersonne. Aber ich erinnere mich an meine Vorliebe für Pommes Frites und Pizza. Insofern war ich wohl ein normales Kind. Auch wenn es einen Salat davor gab und Dessert, meistens zumindest. Oder eben Fisch, Kaviar, Wildschwein, Trüffelrisotto oder Hummer, die Krönung der Dummheit – in den Alpen. Aber ich kannte Essen, das half auch später im Leben, also lieben Dank dafür.

Beide mochten wir Familienfeiern, zumindest für eine gewisse Zeit. Auf ihrer Seite wurde seit Gedenken ein Feiertag für den gesamten Familienzweig veranstaltet. Nach meinem Abschied aus ihrem Leben fand ich es unhöflich, diesen Tag durch meine Anwesenheit zu stören, solange sie lebte und hinging. Schliesslich wollte ich ihr niemanden streitig machen oder mich für irgendetwas rächen. Deshalb blieb ich fern. Doch davor, zwischen den 80er-Jahren und 2011, war ich oft dort, die ersten zwanzig Jahre immer mit meiner Mutter, egal, wer sonst da war. Ich war auf jeden Fall dabei. Dieses Familienfest war einer der Höhepunkte meiner Jahre als Kind und Jugendlicher. Team Mutter. Wunderbare Erinnerungen. An diesem Tag konnte sie tratschen, ohne Urteile fürchten zu müssen und ich hatte Spass beim Spielen mit den vielen Cousins und Cousinen. Tontaubenschiessen. Rindfleischspiesse. Das Leben kann so schön sein. Diese Septembernachmittage waren von unbeschreiblicher Unbeschwertheit. Nicht nur wusste ich, dass ich mich austoben und vollstopfen konnte. Gleichzeitig musste sich meine Mutter mindestens so weit zusammenreissen, dass wir ohne Turbulenzen wieder nach Hause kamen, inklusive der Autofahrt, als wir nicht mehr im Dorf wohnten. Das kam wie gerufen.

Ich mochte sie ohne Alkohol und Tabak viel lieber. Es bricht mir das Herz, dass sie das nie verstand und dem auch keine Bedeutung beimass, zumindest nicht uns gegenüber. Vor ihrer Mutter wollte sie besoffen nicht auflaufen. Deshalb verliefen die meisten Familienfeiern sehr gemütlich. Image war wichtig. Danke für diese Erkenntnis.

Einer meiner Lieblingsmomente, in denen ich das verborgene Genie meiner Mutter aufblitzen sah, ereignete sich im Keller der letzten gemeinsamen Wohnung meiner Eltern. Unter dem Wohnbereich befand sich das Büro von Mutters Geschäft – Personalvermittlung, wenn ich mich richtig erinnere. An besagtem Tag spielte ich im Keller und beobachtete aus dem Augenwinkel meine Mutter, die erst zügig, dann schnell und schliesslich im Akkord am Telefon eine Liste abarbeitete und den Reaktionen nach zu urteilen immer wieder erfolgreich zu sein schien. Es ging rund, was auch immer es war. Dieses Bild habe ich für mich abgespeichert als Beweis, dass es eine Zeit gab, in der nicht nur Fleiss, sondern sogar überdurchschnittlicher Einsatz durchaus möglich waren. Ich liebe diesen Moment mit ihr als Heldin. Wobei, wenn ich genauer darüber nachdenke, könnte es auch sein, dass dieser Moment so nie stattgefunden hat – Wunschdenken. Ich sehe vor meinen Augen den Raum, ich sehe meine Mutter am Telefon. Aber wenn ich jetzt zurückblicke, im Gegensatz zu früher, weiss ich, dass sie auch damals nicht nüchtern war. Trotzdem sehe ich in diesem Büro einen positiven Raum, denn sie arbeitete. Das tat sie. Das mochte ich. Das Büro gibt es auch heute noch. Vielleicht sollte ich es mal nach Geistern scannen.

Eine Erwähnung verdient auch eine Eigenheit in ihrem Erziehungsstil. Sie erlaubte mir nahezu alles, was legal war. Zuerst erlaubte sie mir Ausflüge, Besuche, Kino, Reisen, Ausgang, Alkohol. Vor allem bei meinen Aktivitäten in Ems und bei den ersten Schritten in der Musik kam mir das sehr gelegen. Wir wollten den Skatern zuschauen, wir wollten unsere Reime schreiben, wir hatten Bock in die Stadt zu fahren, mit dem Fahrrad. Jemand schlug vor, zur Disco ins Nachbarsdorf zu radeln, die ersten Konzerte, es gab Filme bei Jonas, Freinacht bei Enzo, Sonntag am Rhein. Bier und Wein. Euphorie und Kotzen. Ich durfte dabei sein und mir meine abschreckenden Beispiele selbst schaffen. Ein wiederkehrendes Sommermärchen. Es war nicht konventionell, aber für meine mentale Gesundheit hilfreich. Ich war dadurch erfüllt, dass ich immer dabei sein konnte, wenn irgendwelche Kids geilen

Scheiss starteten. Ich war am Start. Immer. Und immer wieder. Mit allen möglichen Leuten, hatte Freundschaften im ganzen Dorf und auch das ist nur dem Umstand zu verdanken, dass meiner Mutter bis zu meiner ersten Verhaftung herzlich egal war, ob ich um Mitternacht zu Hause war. Die Freiheit war ein hohes Gut, das ich meiner Mutter verdankte, solang es nur in der Schule und im Job flutschte. Ich war und bin offiziell kein Problemkind. Erst später, würde sie anmerken. Es waren wundervolle Zeiten, die ich ungestört draussen vor der Haustüre verbringen durfte, jeden Tag und jede Nacht. Es hat mir nie an Raum oder Zeit für meine Ideen und Beschäftigungen gefehlt, danke dafür. Es war kaum Geld da, aber dafür umso mehr Raum, um selbst einen Weg und Ort zu erkunden. Dank dir.

Eine Zeit lang überschnitten sich in unserem Leben folgende Situationen: Bei mir war kurzfristig Wohlstand ausgebrochen und nach einer sechsmonatigen Drogen- und Sauftour inklusive Entourage und Luxusflügen schlug ich wieder in Chur auf. Meine Mutter sah in diesem Moment genau das, was sich in meiner Situation verändert hatte: das Geld. Ich begann, ihr ein paar Beträge zuzustecken. Dafür erwartete ich offene Diskussionen über Entzüge, Therapie oder wenigstens Ideen für langfristige Abstinenz. Wir konnten diese Schublade öffnen und begannen, Regeln für unsere gegenseitigen Beobachtungen aufzustellen, besprachen den korrekten Umgang mit dem anderen. Es war lustig. Wir hatten einen regelmässigen Plausch mit Traumabewältigung. Gleichzeitig gab ich meiner Mutter etwas Geld oder Geschenke für ihre Zeit in der Tagesklinik, als sie weiterhin nicht arbeiten konnte.

Bis schliesslich aufflog, dass sie weder in der Klinik war noch arbeitete, obwohl sie gekonnt hätte. Denn das Geld vom ahnungslosen Sozialamt und mir hatte locker für ein paar Monate Wohlstand in der Kneipe gereicht. Sei gegönnt, wirklich. Ich verlor damals etwas Mut, Therapie erzwingen zu wollen. Völlig unakzeptabel als Befehlsführer war ich ohnehin, denn ich war ja selbst kürzlich wiederholt über die Grenze des gesunden Menschenverstandes gestolpert. Mein Wort galt nichts. Ich war selbst mein eigenes Problem. Unter welchem Vorwand hätte ich meine Mutter schon überzeugen können, sich Hilfe zu suchen, wenn ich selbst gerade erst meinen ersten Sommer auf Ibiza verbracht hatte? Es ging nicht, aber es war eine schöne Zeit. Wir sahen uns oft, es schien Fortschritt zu geben und die Stimmung war gut. Ein paar Monate lang hatte ich die Hoffnung, wir würden gleichzeitig in bessere Zeiten hinübergleiten. Am Schluss sass sie wieder im akuten Notfall und ich hatte meinen Lottogewinn verfeiert. Der Klassiker unter den White-Trash-Dramen: das Mutter-und-Sohn-Co-Abhängigkeitsdilemma. Romantik pur im Ödipushotel. Das Koksbuffet unter den Inzestszenarien. Wir hatten endlich wieder alles beieinander und verloren es gleichzeitig, aus purer Dummheit. Gute Zeiten. Wir waren uns nahe wie lange nicht mehr und nie wieder danach. Es fühlte sich an, als hätten wir gemeinsam ahnungslos eine Bank überfallen und wären damit beinahe durchgekommen. Wir sassen in derselben Zelle. Beide verurteilt, beide schuldig, beide kaputt. Nur Stunden nach den besten Tagen in Jahren. Auf die Euphorie folgte unmittelbare Enttäuschung. Aber es war nicht das erste Mal, dass wir synchron abstürzten. Meine erste Psychose platzierte ich sauber in ihre Ehekrise mit Mann 2. Sie war dafür bei meiner Diplomfeier voll wie ein Kampftrinker. Oder fiel beim Konzert vom Hocker. Oder kommandierte Personal herum, verlangte bei unseren Events kostenlosen Eintritt und freie Getränke.

Manchmal war sie auch einfach nur dabei und heiter. Das war super, so ergaben sich Gespräche mit meinem Freundeskreis. Ab 2 Promille wurden diese Small Talks dann laut, vulgär und extrem sentimental. Es flossen Tränen bei ihr. Das passierte regelmässig. Ob Besuch da war oder ein Anlass stattfand, die Stadt zur Verleihung einlud, ein Backstage nicht abgeschlossen war oder ein Stadion meine Refrains sang: Es wurde geheult. Mindestens genauso oft wurde nachgeschenkt. Party wie eine Matrosin. Eine emotionale Zeitbombe im Pendel zwischen Bier und Wasser, leider stark zugunsten der vorherigen Longdrinks. Zu dieser Zeit störte mich aber noch nicht jeder Rausch. Noch glaubte ich an regelmässige Abstürze.

Niemals hätte ich vermutet, dass in jenen Tagen ein Trinkniveau erreicht war, das um neun Uhr morgens mit zwei Bier in der Gassi-Kneipe begann, einen Aperitif beinhaltete, ab Mittag mit Lambrusco und Sprite gehalten wurde. Dann um sechzehn Uhr ins Feierabendbier in der Kneipe überging, ab neunzehn Uhr zu Hause wieder mit dem unschuldig wirkenden Lambrusco wachgehalten und nach dem Nachtessen je nach Wochentag mit einer Flasche ordentlichem Wein, Wodka oder Dutzenden Bierchen vollendet wurde. Das sahen wir jedoch nicht oft. Beinahe nie durchgängig über einen ganzen Tag. Aber die Trinkerei war strategisch geplant: Es gab wöchentlich Kneipenabende, in mehreren Kneipen notabene. Es gab Vereinsanlässe, Volksfeste, Sport, Stammtische. Wenn man ein Netzwerk zu betreuen hatte, als (ehemalige?) Personalvermittlerin, dann war das der Weg zum Aufstieg: Überall dabei sein, wo etwas läuft. Alles Schattenkämpfe. Es sah gar nicht gut aus für ihr Berufsleben. Sie löste sich in ihrer Rolle als Mutter auf und wurde zum eigenen Kind. Gleichzeitig wurde meine Schwester flügge und zog weg und ich, zwar verblieben im selben Ort, aber gerade erwerbsmässig Musiker im Goldrausch, schoss mich selbst zum Mond und hatte viele neue Leute um mich herum. Ihre letzte Ehe hatte sich in unschöne Erinnerungen verwandelt, alle wendeten sich ab, waren nicht mehr da, wollten nicht mehr. Sie landete exakt dort, wo das Drama begonnen hatte: im Westend, am Stammtisch. Wir konnten es nicht glauben, aber wir hatten auch keine Antwort auf diesen symbolischen Tiefschlag. Sie triumphierte. So wie sie mir dereinst freudig mit leuchtenden Augen erklärt hatte, welche Pillen gut mit welchen Getränken paaren. Einige Monate vor diesem Schnappschuss war ich auf einer Goa-Party in Brambrüesch gewesen, wo ich einem Hippie drei XTC abgekauft, umgehend eine eingeworfen und eine Nachtwanderung bei Vollmond von Brambrüesch nach Chur gestartet hatte. Auf MDMA und

Speed. Ein Traum. Einsamer geht gar nicht. Nach fünf Stunden war ich zu Hause gewesen. Auch ich konnte ihr also erklären, welche anderen Pillen mit Sodas gesund reinballern. Es war eher ein Wettkampf als ein Miteinander. Sie war in der Klinik und ich war in der Klinik. Ich wollte nicht mehr leben, sie wollte nicht mehr leben. Dabei wollte sie doch leben, bis zum Schluss. In diesen Dingen waren wir harmonisch.

Eine lange Vorgeschichte, nur um zu erzählen, dass sie dereinst von meinen THC-Keksen ass bei einem Fest, bei uns. Eine Party lang hatten wir einen ähnlichen Vibe, denn es gab keinen Alkohol, dafür hatte ich gesorgt. Bekifft war meine Mutter Welten lustiger. Ich erinnere mich nicht an viel anderes von diesem Fest. Aber an sie. Einmal mehr: selektives Vergessen. Manchmal das Loch in der Schönheit. Manchmal die Schönheit im Loch.

Heute war Beerdigung

Heute war die katholische Beerdigung meiner Mutter. Ich habe geschlafen. War müde. Physisch und psychisch. Meine Schwester ist auch nicht hin. Ich denke, das ist als Abschlussstatement von uns beiden gegenüber unserer Erzeugerin zu verstehen.

Was Mutter mir angetan hat, ist unverzeihlich. Was sie meiner Schwester gleichzeitig antat, hätte ihr jedes Recht auf eine Familie aberkennen sollen. Aber so funktioniert weder die Gerechtigkeit noch die Familie. So war es denn auch ihre Geschwister, die Planung und Kosten der Beerdigung übernahm, was meine Schwester und ich sehr grosszügig fanden.

Heute um vierzehn Uhr standen also vermutlich ein paar Familienangehörige und Bekannte meiner Mutter um ein Grab und haben sich eine Rede über sie angehört, vielleicht voller Mut und Trost. Man wünscht sich ja einen gerechten Abschied für alle. Dennoch wird unsere Absenz die lauteste Sprache gesprochen haben.

Heute wird die KESB schon aktiv, wenn Elternteile angetrunken zum Elterngespräch erscheinen. Zu Recht. Damals kam man davon mit einer Sammlung an Übertretungen und Straftaten. Meine Aufzählung möge als Hinweis dienen. Für nichts hiervon wurde meine Mutter je belangt. Rechenschaft legte sie nur in seltenen Fällen ab. Manchmal vergass sie Gespräche über wichtige persönliche Themen direkt wieder und wiederholte nur noch endlose Mantras, kleine Statements, rhetorische Fragen und hilflose Bitten. Im weitesten Sinne an eine Beerdigungspredigt und ihre Teilnehmerinnen erinnernd.

So standen sie also vermutlich um das Grab, diese lieben Menschen und hatten gemischte Gefühle. Einige dürften sich indirekt oder vielleicht sogar direkt für das Schicksal meiner Mutter verantwortlich fühlen. Ich würde sogar so weit gehen, dass dieses Gefühl in den meisten Fällen berechtigt wäre. Es war ein langer Weg, sie kreuzte viele gute Menschen. Allerdings kann man auch nicht von unterlassener Hilfeleistung sprechen, denn letztlich war meine Mutter vor allem auch uneinsichtig, nebst verbal sehr gelenkig, wenn es um ihre Marotten ging.

Einige werden vielleicht erst um dieses Grab stehend feststellen, dass keines der Kinder am Grab steht. Keines der Kinder wollte einen familiären, kirchlichen Abschied von einer Mutter, die weder familiär noch kirchlich besonders viel geleistet hatte. In einigen Leuten mag das etwas auslösen, was sie vorher nicht in ihr Herz bekamen: Die Frau muss furchtbar für ihre Kinder gewesen sein, wenn sie nicht einmal öffentlich Abschied nehmen wollen. War sie, ja. Nur weil wir sie die letzten Jahre dabei ignorierten, die zwanzig davor vergebens ankämpften und die dreissig zuvor nicht dabei waren, heisst das nicht, dass wir nicht jeden Tag aufs Neue das Fehlverhalten analysierten. Auch wenn einige Leute am Grab bestimmt mehr Zeit mit ihr verbrachten als wir, so hatten wir zu ihrer schlimmsten Zeit den Studienplatz in der ersten Reihe. Das dürfte jetzt einsinken beim Anblick der namenlosen Urne.

Einige Leute haben meine Rolle im Leben meiner Mutter infrage gestellt. Seit meinen Büchern und Texten gelte ich als Nestbeschmutzer. Sie würden die Wahrheit auch dann nicht begreifen, wenn sie vor ihnen steht. Deshalb wollten wir auch nicht vor ihnen stehen an diesem Tag. Sicher nicht vor den Bekanntschaften meiner Mutter. Sie oder wir hiess es schon damals wegen der Kneipe. Dann gilt das weiterhin: Wenn die zu deiner Verabschiedung kommen, dann kommen wir eben nicht.

Etwas traurig stimmt mich, dass unser Vater jetzt vielleicht erleben musste, dass wir nicht zur Beerdigung der Mutter seiner Kinder gingen. Er wäre ein eigenes Kapitel. Der Mann hat uns auch das Herz gebrochen, egal, wie steil seine Rehabilitationskurve nach unserem Gespräch über die Scheidungsgründe kurz aussah. Es hielt nicht für immer an, aber auch diese Zeit war schön. Mir vorzustellen, wie er da steht und das ganze Spektrum des Scheiterns seiner ersten Ehe sieht. Niemand ist mehr da. Dafür seine neue Frau.

Es gab Freunde der Familie. Ich weiss, dass einige nicht zur Beerdigung wollten, als sie realisierten, dass wir vermutlich nicht dabei sein würden, obwohl wir hätten dabei sein können. Andere sehen sich vielleicht eher in der Gruppe der Verantwortlichen und hatten so sicher genug mit sich selbst zu klären, um diese Abdankung zu nutzen oder eben nicht.

Es war schönes Wetter heute. Gegen Mittag ging ich spazieren, wollte sogar noch auf einen Schwumm ins Hallenbad und in die Sauna. Um vierzehn Uhr, als die Glocken auf dem Friedhof bimmelten – keine drei Kilometer Luftlinie von meinem Bett entfernt, lag ich in ebenjenem. Ich schlief und wachte erst um sechzehn Uhr auf. Meine Idee war, den Schmerz zu überschlafen und der je nach Glaubensgrad nun freigegebenen Seele etwas Zeit zu geben, die drei Kilometer für einen Erstbesuch unter die Höllenflügel zu nehmen. Ich erwarte keinerlei Zeichen. Die habe ich versucht selbst zu schaffen, mit diesem Text über die spannendste von allen Frauen, die ich kenne. Eine der wenigen unbegreifbaren Personen in meinem Umfeld.

Diese Beerdigung lebte sicher zwanzig Jahre als ein Bild in meinem Kopf. Ich war seit meinen Zwanzigern darauf eingestellt, dass meine Mutter jederzeit sterben könnte. Es gab einfach zu viele Risiken. Sie fuhr Auto, hatte Medikamente für jede erdenkliche Sache zwischen Angst und Schlaf, soff meist täglich, umgab sich mit miesen Menschen, hing an den übelsten Adressen ab, ass schlecht, ignorierte jeden Ratschlag und landete regelmässig bei der Polizei oder im Krankenhaus, war in Unfälle involviert oder sogar in höchst indiskutable Sozialsituationen wie Todesfälle unter Einfluss. Horror-Bingo für jedes Kind. Sie konnte nicht nur an *etwas* sterben, sie konnte jederzeit an *diversen* Dingen draufgehen und sie bremste nicht. Weder für Kreisel noch für die eigenen Kinder im Leben. Zwanzig Jahre lang habe ich sicher einmal am Tag einen Gedanken daran verloren, ob meine Mutter noch lebt.

Zehn davon wusste ich, dass ich ihr Grab nur einmal besuchen würde. Um es zu glauben. Um es mit eigenen Augen zu sehen. Jetzt liegt sie ausgerechnet dort, wo auch einige ihrer Kollateralschäden in unmittelbarer Nachbarschaft liegen. Diese Seelen haben sicher viel zu besprechen, ich will nicht in diese Gespräche platzen.

Ich hoffe für sie, dass ihr Glaube aufgeht und Erlösung, Amnestie und Euphorie sich im Jenseits entfalten dürfen und irgendein Gott ein paar nette Worte zu ihr gesagt hat und drei Vaterunser oder so als Strafe gab. Sie glaubte. Sie hielt sich nie an die Gebote. Sie hielt sich an Feiertage. Wir gingen zur Kirche, zu Beerdigungen, Taufen. Vor allem Hochzeiten waren Pflicht. Ich wurde angeregt, zu ministrieren, wir hatten eine Bibel zu Hause, da hingen Kreuze, es wurde gebetet und offen getrauert. Aber ich erlebte sie nicht als konsequent in diesem Glauben. Dennoch hatte ich nie dieses Vertrauen in Gott wie sie. Ich hatte nach meinen Klosterferien Lust auf alle anderen Religionen, aber nicht auf den christlichen Gott oder auf Scientology, wie sie meine Mutter inzwischen entwickelt hatte. Dianetik half ihr nicht weiter, die Kurse waren zu teuer. Aber im Bewusstsein um die eigene Sterblichkeit wurden die Tode um sie herum intensiver, je näher sie kamen. Eltern, Tanten, Onkel, Freundinnen, Bruder ... ab diesem Zeitpunkt war das Thema Tod ein Triggerpunkt für sie. Sie wollte den Tod absichern für sich. Als ob sie geahnt hätte, wie sie eines Tages sterben würde, welcher Stress auf sie zukäme. In ihrem Glauben kann man auch das letzte Manöver erkennen: Einschlafen, trotz brutaler Diagnose. Ich ziehe meinen Hut. Sie durfte genau so gehen, wie sie es sich nie erträumt hatte. Schade, dass sie davor dreissig Jahre damit verplemperte, genau diesen Moment möglichst bewusst zu verdrängen. Es wäre gut ausgegangen, im Nachhinein betrachtet. Zwanzig Jahre wenigstens hätte sie die für ihre Todesfurcht aufgewendete Energie für ihr Leben nutzen können. Entweder um den Strom für die ganze Surselva zu produzieren oder um an sich selbst zu arbeiten. Aber eben, diese Einsicht zur Sterblichkeit kam leider zu spät in jeder Hinsicht. Umso mehr freue ich mich irgendwie über den harmonischen Abgang, wenn auch allein.

Zu meiner Beerdigung werden kaum mehr Leute als zu ihrer kommen. Kann ich mir nicht vorstellen. Mein Leben faded langsam aus, das Interesse an mir schwindet, die Familien meiner Freunde und Freundinnen beanspruchen viel Zeit, ich bleibe meistens für mich. Es gibt nicht oft Grund zum gemeinsamen

Feiern. Man sieht und hört sich nicht mehr so oft. Der Kreis wird kleiner. Noch sind alle um mich herum gesund und einigermassen happy unterwegs. Es gab noch keine tragischen Verluste in unserem engsten Freundeskreis. Viel Drama, aber keine Toten bislang. Das unterscheidet sich erheblich von meinen Erinnerungen an früher. Wir gingen regelmässig zu Beerdigungen und zeitweise war es zwischen Junkies, Suiziden und meinem Job als Ministrant quasi ein monatliches Ereignis für mich, in irgendeiner Form bei einem Abschied dabei zu sein. Auch von Müttern von Kindern, die ich kannte. Das war niederschmetternd. Bis zum heutigen Tag war das prägendste Erlebnis sicherlich die Beerdigung meiner Grossmutter väterlicherseits. Nur schon von meinem emotionalen Zusammenbruch her ein lebensverändernder Nachmittag.

Eine der letzten Beerdigungen, bei denen ich meine Mutter kreuzte, war die meiner Tante in deren Heimatdorf. Ich gab Mutter die Hand, überrascht von ihrer Anwesenheit und der ausgestreckten Hand, obwohl ich wusste, dass sie dort sein würde. Aber mehr lag nicht drin. Ich musste ihr zu verstehen geben, dass sie mich nicht interessierte. Das war ehrlich gemeint, egal, wie hart das klingt. Sie verstand, als ich stumm blieb und ging. Danach verzichtete ich auf Beerdigungen, bei denen meine Mutter anwesend war, genauso wie auf Familienfeste davor. Diese Regel behielt ich bis heute bei. In Zukunft wird das anders sein.

Aber heute ist wichtig. Das sehe ich an diesem Echtzeitreport. Ich wusste, dass ich an diesem Tag die Hoffnung auf eine gesunde Mutter in jeder Form aus meiner Wunschliste streichen kann und eine Mutter ausser Rand und Band vergessen darf, dafür eine fürsorgliche junge Mutter zurückgewinnen werde. Aus meinen Erinnerungen. Ich versuche, diese Person im Äther zu erfassen, aber sie ist nicht zu fassen gewesen. Wie ihr Abschied auch. Es ging nicht ohne Zwischenrufe, Lärm, Aufregung und Drama. Sie war die Show, egal, was für eine. Aber für kurze Zeit in meiner Kindheit war sie meine Show. Meine ersten Jahre verbrachte ich mit ihr, zwar ohne ihre geistige Präsenz, aber doch immer mit ihr örtlich zusammen. Ich war dabei, meistens. Tag und Nacht. Zu Hause und überall sonst. Es war wie eine kurze Episode. Keine Erinnerung hat in irgendeiner Form mit Alkohol oder Trauma zu tun. Alles ist lustig. Der Kot in der Badewanne. Die Hand auf der heissen Herdplatte. Ich unten ohne auf dem Polaroidfoto. Der Biss von Barry. Die Schallplatten vom Kasperli. Der Kirschbaum. Der Umzug. Das

Abwärts. Die Spirale. Lachend unten ohne auf noch mehr Fotos. Weihnachtsbaumfotos.

Ich hatte keine Erwartungen an eine Mutter. Wie hätte ich wissen sollen, wie Muttersein geht? Ich begriff, dass Grossmuttersein viel schöner als Muttersein geht und ich merkte, dass Vatersein zwar irgendwie gut geht, aber Muttersein irgendwie besser geht. Ich spürte Zuneigung. Mir war früh klar, dass ich meine Grossmütter, meinen Vater, ein paar Onkel und Tanten und auch Cousins und Cousinen und Leute aus meinem persönlichen Umfeld mehr liebte als meine Mutter. Sie taten mir schlichtweg weniger weh und waren öfter für mich da und gingen nicht einfach weg, ohne Bescheid zu geben. Ausserdem hatten die meisten gescheitere Dinge im Kühlschrank oder mehr Skills in der Küche. Aber ich wollte ihr gefallen, ich wollte sie gewinnen und ich wollte sie lange von einem anderen Lebensansatz überzeugen. Aber es sollte nicht sein. Sie behielt die Kontrolle über ihren Kahn, bis er an der Klippe zerschellte, nach einem Leben im Sturm eines übermächtigen Dämons. Es war ihre Entscheidung, diesen Weg zu bevorzugen. Wir liessen sie. Das hingegen ist unsere Schuld. Auf jeden Fall. Man hätte das Leid verlängern können oder sogar härter durchgreifen müssen. Es hätte Wege und Mittel gegeben, ihren

Weg und ihre Ideen teilweise zu durchkreuzen. Aber das war keine einfache Aufgabe, das ist allen klar.

Mutter wurde also heute von ihren Nächsten verabschiedet. Morgen sind wir Kinder dran. Es ist ein komisches, untypisches Szenario. Vor allem auf diesem einen Friedhof. So wird es nicht einfacher. Aber ich freue mich ehrlich auf den Austausch mit meiner Schwester. Ihr Abschied ist mir wichtiger. Sie ist mir wichtiger als der Abschied. Wir haben uns nie ganz geeinigt bezüglich Muttergefühlen. Bis zum Schluss war sie ihr viel näher. Ich war zehn Jahre weg. Meine Schwester hat also auch die traurigen letzten Jahre durchlebt, genauso wie den Schluss. Das ist ein gewaltig anderer Moment als für mich. Für mich ist es der Beginn vom Ende nach zehn Jahren Verarbeitung auf jede Art. Ich bin schon lange aus dem Gröbsten raus, während dieser Moment für meine Schwester der letzte von vielen gewaltigen Abschieden ist in den vergangenen Wochen. Von da her halte ich mich auch zurück und überlasse ihr, wie wir es angehen wollen mit unserem gemeinsamen Moment.

Am heutigen Tag haben einige Menschen, auch ich, um meine Mutter geweint. Einige bei der Beerdigung, andere in Abwesenheit. Einige hatten heute eine traurige Geschichte zum Teilen mit der Welt. Jeder hat Tränen vergossen um die Ungerechtigkeit und die Hürden des Schicksals. Jeder betrauert die Ohnmacht, alle bedauern die unumstösslichen Abwesenheiten.

Meine Mutter und ich starrten gemeinsam direkt in die Sonne und liefen danach den Hindernislauf, um erster im Ziel oder erster im Krankenhaus zu werden. Unser Lebensstil war blutig, lange Zeit gleichzeitig. Das weckte doch Hoffnungen, meinerseits. Es gab Abzweigungen, gemeinsame Kreuzungen. Aber irgendwann, im Pensionsalter, wird jede Beteuerung bedeutungslos, jede Ausrede wirkt unbeholfen und verschämt. Die Ereignisse des Tages werden besser nicht besprochen. Man meldet sich lieber nicht mehr, wegen der ständigen Negativnews, so oft teilweise bis ganz selbst verschuldet. Es hagelt Lügen, Ideen und Luftschlösser gleichzeitig. Der Lebensstil wird immer fataler. Die Sozialdienste schreiten ein. Diagnosen folgen. Keine Reserven. Keine Perspektive. Unsichtbar. Vergessen. Schliesslich keinen Willen mehr zur Verbesserung der Situation. Tod. Endstation: Heute, Friedhof. Schöner Abgang für ein memorables Leben einer ewig getriebenen Person, mit Charme, aber ohne Disziplin und mit einem Arsenal offenbar unbesiegbarer Dämonen und einem Karma-Katalog am Rande der Negativtrilliarde.

Am Grab mit Schwester

Tag des Abschieds. Ich war gestresst, nahm Drogen, schon zum Frühstück. Auch ein Teil unserer Mutter-und-Sohn-Geschichte: das weitergegebene Suchtverhalten.

Ich sehe Mutter als junge Frau. Aber dieses obskure Grab mit meiner Schwester zu besuchen, wird auch für mich eine Begegnung mit der traurigen Endlichkeit.

Das Leben ist mit dem Tag der Geburt todgeweiht. Jedem ist nach der Kindheit überlassen, welches Tempo er fortan wählt. Egal, wie schnell und bewusst wir auf das Ende zurennen, wir erkennen seine Nähe nicht im grellen Gegenlicht. Es wäre wichtig, vereinzelt nüchtern innezuhalten und herauszufinden, ob es sich lohnen würde, stehenzubleiben.

Meine Schwester und ich nahmen den Bus zum Friedhof, liefen das letzte Stück. Wir fahren beide nicht Auto, was definitiv Gründe hat. Auf dem Spaziergang gaben wir uns bereits die Stichworte, um unsere Gedanken rund um den Tod von Mutter zu ordnen. Namen kamen wieder hoch, Orte, Zeitabschnitte und neu auch Zitate. Unsere Mutter hatte oft über die Grenzen des Anstandes hinaus gehandelt, aber was sie uns verbal zu fressen gab, war auch nicht ohne. Meine Schwester bekam es immer wieder zu spüren, dass Mutter ihre Wut deponieren musste. Wir wurden oft gemassregelt und auch bedroht. Handlungen und Aussagen hatten Konsequenzen. Geschlagen zu werden, war irgendwann nicht mehr nachhaltig genug. So waren wir beide zu Hause rausgeschmissen worden, in ziemlich abenteuerlichen Situationen. Auch das hatte ich verdrängt.

Da standen wir, vor einer Reihe neuer Armengräber für Urnen. Eine Reihe Trostlosigkeit. Vor uns lagen drei frische Urnengräber.

»Bist du sicher, dass wir hier richtig sind?«

»Jaja, die Beschreibung stimmt. Ich glaube, es ist das mittlere.«

»Warum glaubst du das?«

»Unsere Tante hat etwas erzählt von einem Kranz mit Rosen und Efeu.«

»Du, aber der da hat auch Rosen und Efeu.«

»Hm.«

Wir einigten uns auf das mittlere Grab und sprachen nun mit gesenkten Köpfen in dessen Richtung.

Eigentlich war es ein Gespräch zwischen uns, aber wir richteten es auf den Kranz aus. Sie sollte ruhig hören, was wir zu sagen hatten. Falls wir zum falschen Grab gesprochen haben sollten: Bitte entschuldigen Sie, Sie haben bestimmt schon genug mit sich zu tun gehabt in diesem Moment dort. Aber bitte richten Sie die Worte doch ihrer Nachbarin aus.

Dreissig Minuten lang sprachen wir über unsere zerstörte Familie. Vater und seine Freundin waren nicht zur Beerdigung gekommen, genauso wenig wie der andere Ex-Mann. Die direkt Betroffenen waren also am Vortag alle nicht erschienen. Das war hart, aber meine Hoffnung ist, dass so wenigstens in der Familie verstanden wird, wie gross unsere Wut auf unsere Mutter ist. Alle unsere Leben waren nach ihr zerstört. Ein paar von uns haben es geschafft, ein neues Leben aufzubauen, ein paar nicht. Aber alle eint, dass wir zu ihren Lebzeiten in ihrem Sog nach unten gezogen wurden, bis wir uns losreissen konnten.

Sosehr wir uns am Grab bemühten, uns positive Aspekte und schöne Momente zu vergegenwärtigen, merkten wir auch, dass der Schaden endgültig zu gross geworden war. Fubar. Es gab keine Perspektive, keinen Blickwinkel, der uns zu den

Glücksmomenten geführt hätte. Sie existierten tatsächlich nicht an diesem Ort. Das Glück und die Zufriedenheit warteten an einem anderen Ort auf uns. Wir mussten uns vieles selbst beibringen, wohl auch, wie man mit diesem Grab umgehen sollte. Es strahlte kaum etwas aus.

Nach einem langen Austausch blieb uns zum Schluss nicht viel. Wir waren überrascht von uns selbst. Es floss keine Träne. Wir beweinten nicht einmal uns selbst. Beide hatten wir uns den gegenwärtigen Moment anders vorgestellt. Nach vierzig Jahren mit der Person dort im Grab wirkte die Realität überraschend simpel. Meine Schwester und ich hatten uns jahrelang auf diesen Moment eingestellt. Unsere Mutter war die längste Zeit unserer Leben eine zentrale Figur gewesen und beschäftigte uns jeden Tag, ob wir wollten oder nicht. Sie sorgte fortwährend für Erinnerungen, für Dramen und eine nie endende Flut schlechter Nachrichten. Ihr Verhalten sorgte dafür, dass wir nie Ruhe hatten, dass sie stets ein Teil unseres Alltags blieb. Seit Wochen steuerten wir auf dieses riesige, abschliessende Ereignis zu und in unseren Köpfen war dieses letzte Aufeinandertreffen ein Grossanlass.

Aber jetzt standen wir da, vor diesem Topf mit Efeu und Rosen. Kein Name, kein Foto, keine Leute.

Meine Mutter hatte es verstanden, ihre eigene Geschichte mit Pomp und Lärm zu erzählen. Sie machte sich gross und grosse Aussagen machten sie aus. Aber das hier war mickrig. Keine Todesanzeige, Armengrab, später würde es keinen Stein geben. Wir standen stumm da und die Wahrheit füllte unsere Seelen: Das war's. Ende, aus. Es blieb nichts übrig von ihrem ganzen Schauspiel. Nichts, nada, niente. Ein Loch im Boden und ein Topf ohne Namensgravur. So nahm das Leben meiner Mutter sein Ende. Alles, was sie sich zeitlebens eingeredet hatte. Alles, was sie den Leuten vorgekaut hatte, war in Luft aufgelöst. Mit ihr ging ihre Wahrheit, zurück bleiben wir mit unserer Wahrheit. Von ihr blieb schon in diesem Moment kaum etwas übrig. Sie hatte uns so viel erzählt in ihrem Leben, dass wir uns gar nicht vorstellen konnten, was davon zum Schluss übrig bleiben würde. Siehe da: gar nichts. Wir haben ein paar Fotos, wir nehmen unseren psychischen Rucksack mit und wir werden sicher an vielen Tagen an sie denken. Aber mit dem Tod kam auch die Gewissheit: Die Frau hatte sich ihr Leben zusammen gelogen, das Kartenhaus war zusammengefallen, hier am Grab. Wir hatten uns auf Tränen und Abschiedsschmerz eingestellt und fühlten nun Verwunderung und Entlastung. Meine Schwester und ich hatten wohl bis zuletzt eine Pointe erwartet, eine kleine Fingerübung zum Schluss. Aber nichts war da. Ein Topf und ein Kranz und das Bedürfnis, diesen Ort nie wieder zu besuchen.

Ohne viele Worte trotteten wir zwischen Schafen und Weiden in Richtung Stadt. Vorbei an der Klinik, in der ich viele Jahre gearbeitet hatte und wo unsere Mutter anschliessend viele Jahre Patientin war. Das berühmte Waldhaus. Wir würden uns wiedersehen.

Wir fuhren schweigend mit dem Bus zum Bahnhof, genehmigten uns einen Kaffee und füllten gemeinsam den Ablehnungsbescheid für die Erbschaft aus. Mit Unterschrift. Die Stimmung war gelöst. Wir verabredeten uns für eine Handvoll Termine im kommenden Jahr, Weihnachten, Geburtstage. So endete der Tag, den ich mir in meinem Leben am häufigsten vorgestellt habe.

Hilfe

Verein Löwenzahnkinder

Im Jahr 2020 wurde der Verein Löwenzahnkinder gegründet, um Kindern aus suchtbelasteten Familien eine Stimme zu geben.

Der Verein dient als Anlaufstelle für betroffene Personen und bietet gemeinschaftliche Aktivitäten und Selbsthilfegruppen an.

www.loewenzahnkinder.com
info@loewenzahnkinder.com

SOS Rehmann

Sick Of Silence lässt junge Menschen zu Wort kommen, die vom Schicksal ausgebremst wurden. Nicht jeder traut sich, offen über sein Schicksal zu sprechen. Wir geben diesen Menschen eine Stimme und lassen ihre Geschichte durch einen Schauspieler erzählen.

Foto: Dominic Pohle

Zum Autor

Gian-Marco »Gimma« Schmid (*1980 in Haldenstein) ist ein Autor und Musiker aus Graubünden, Schweiz. Sein bisheriges Werk umfasst über zwanzig Alben und vier Bücher. Er textet in Schweizer Mundart und Deutsch. 2011 erhielt er den »European Music Award« für sein Album »Mensch si«. Er ist zudem Anerkennungspreisträger in kulturellen Belangen seiner Heimatstadt Chur und war nominiert für den »Prix Walo« sowie mehrfach für den »Swiss Music Award«. Er gibt in der ganzen Schweiz Workshops für kreatives Schreiben und Musik und hält Vorträge zu Sozialthemen. Er lebt in Haldenstein.

lectorbooks

Ungezähmte Literatur. Seit 2017.
Verlag für Bücher im Spannungsfeld zwischen
Anspruch und Spannung, Pop und Politik,
Fantastik und schwarzem Humor.

lectorbooks.com